FRASES
CELEBRES

FRASES CELEBRES

Compilación
F. CAUDET YARZA

DISTRIBUIDORA
A.L. MATEOS, S.A.
Marcelina, 23. 28029-MADRID

I.S.B.N. 84-7693-126-3
Depósito Legal: B-37090-91
Printed in Spain
Impreso en España

BINICROS, S.L.
Av. Catalunya, 130
08150-PARETS DEL VALLES
(Barcelona)

PROLOGO

Las páginas de la Historia Universal están salpicadas del estallido ingenioso de los grandes pensadores que han dejado con el paso de los siglos la impronta de su genio con el contenido, a veces filosófico, a veces mordaz, a veces irónico, de frases, máximas, sentencias y pensamientos, en los que trataban de recoger el sentido de los hechos y la concepción de las cosas, con su estilo personal, con su objetividad unas veces y subjetividad otras, pero que en la mayoría de los casos desembocaban —y desembocan— en la finalidad de definir en pocas palabras aquello que otros habían tratado en textos amplios y farragosos.

Historiadores, escritores, políticos, militares, librepensadores, gobernantes, emperadores, científicos, médicos, descubridores y un largo etcétera, han competido en ingenio a la hora de establecer con rotundidad sus conceptos dentro en ocasiones de una ortodoxia muy *sui géneris* que, no por ello, resta méritos a la agudeza y perspicacia de que han hecho gala aquellos que han tenido la valentía de definirse sobre algo en concreto y hacerlo con el espíritu de síntesis necesario para dar a entender su versión profunda y filosófica de los temas analizados.

Es curioso observar que no siempre la coincidencia de criterios ha presidido los asertos de quienes se han definido sobre un hecho o materia, pero si se analizan las frases en cuestión, al final, siempre se hallará un punto de convergencia; eso demuestra que el ser humano en un alto porcentaje de los casos es siempre coincidente sino en la forma, sí al menos en el fondo.

Esta obra que hoy ponemos en manos de los lectores no es más que un compendio, una recopilación de esas frases, máximas y sentencias, que hemos seleccionado y compilado cuidadosamente, procurando en todo momento traer a estas páginas aquellas que hemos entendido como más importantes o significativas, y que al mismo tiempo reflejan con mayor agudeza la crítica, análisis o juicio, del tema a que se refieren.

Obviamente y dada la grandeza de la Historia Universal a la que aludíamos en el primer párrafo de este prólogo, sería tarea ímproba lograr reunir en un solo volumen la totalidad de textos dictados por los cerebros ingeniosos de todos los intelectuales que una vez u otra han vertido sus conceptos con relación a alguno de los muchos temas que pueblan la vida del hombre; sobre todo, si tenemos en cuenta que las cosas más insignificantes a simple vista también han merecido en muchas ocasiones la intervención de los grandes pensantes para dejar constancia de sus opiniones al respecto.

Por lo tanto y como hemos apuntado con anterioridad, nuestra misión ha consistido en una tarea, ardua y selectiva por supuesto, de todas aquellas frases célebres, máximas, pensamientos y sentencias, que han alcanzado mayor notoriedad, tanto por su contenido como por la calidad intelectual o humana del autor de las mismas.

Con la certeza de que al menos hemos trabajado con entusiasmo y con la fe de servir una vez más a nuestros lectores, pasamos ya a presentarles el resultado de nuestra labor con la esperanza de que su juicio esté de acuerdo con el esfuerzo realizado y con la intención pretendida.

EDITOR Y COMPILADOR

A

ABANDONAR

Puede ser un héroe lo mismo el que triunfa que el que sucumbe, pero jamás el que abandona el combate.

Carlyle

Abandonar puede tener justificación; abandonarse, no la tiene jamás.

Emerson

Abandonarse al dolor sin resistir, suicidarse para sustraerse a él, es abandonar el campo de batalla sin haber luchado.

Napoleón

El que abandona a un semejante suyo que está en peligro, se hace cómplice de la desgracia que le acontezca.

Anónimo

ABANICO

El soplido debió ser el abanico de la primera reina del mundo.

Ramón Gómez de la Serna

Una señora sin abanico equivale a un caballero sin espada.

Edison

ABATIR

Ningún cañonazo ha conseguido abatir una idea.

Anónimo

ABEJA

Un puñado de abejas vale más que un saco de moscas.

Proverbio árabe

ABISMO

Es raro, muy raro, que nadie caiga en el abismo del desengaño sin haberse acercado voluntariamente a la orilla.

Concepción Arenal

Tanto en lo moral como en lo físico he sentido siempre la sensación del abismo, no solamente del abismo del sueño, sino del abismo de la acción, del recuerdo, del deseo, del pesar, del remordimiento, de la belleza, del número, etcétera.

Baudelaire

Saber y no saber, todo es lo mismo, porque el fin de la ciencia es el abismo.

Campoamor

Hay abismos buenos; son aquellos en los que se hunde el mal.

Víctor Hugo

El valor mata también el vértigo al borde de los abismos. Y ¿dónde no está el hombre al borde de un abismo? ¿No basta mirar... para ver abismos?

Nietzsche

Es.ley eterna: una piedra cae con velocidad cada vez mayor cuanto más se va acercando al abismo, y de este modo también un alma procede cada vez más precipitada e insensata cuando no sabe ya de ninguna salvación.

Stefan Zweig

Si miras largo tiempo hacia el abismo, llegas a sentir como si el abismo te mirara a ti.

Stefan Zweig

ABOGADO

Al abogado es necesario contarle claramente la verdad de las cosas; ya se cuidará él después de embrollarlas.

Azeglio

El abogado es un caballero que salva vuestros bienes de vuestros enemigos y se los queda para él.

Lord Brougham

Mientras un abogado, con la espalda encorvada, los lentes sobre la nariz, a la luz de una lámpara, deshoja un escritor en busca de una opinión autorizada para sostener un asunto, y la encuentra; su adversario curial con la espalda encorvada, los lentes sobre la nariz, a la luz de una lámpara, consulta el mismo autor en apoyo de la doctrina contraria, y la encuentra.

F. D. Guerrazzi

Es de absoluta necesidad decir al abogado toda la verdad franca y claramente, no ocultarle las cosas... para que él las enrede y embrolle sin pérdida de momento.

Manzoni

Interpretar la ley es corromperla. Los abogados la matan.

Napoleón

Así como peca el médico ignorante metiéndose a curar, así el abogado inepto tomando una defensa.

P. Francisco de la Vitoria

El mejor abogado es una buena causa.

Anónimo

ABSOLUCION

La absolución del culpable es la condena del juez.

Publio Siro

ABSTINENCIA

Tocante a la abstinencia conviene guardar un medio: si el cuerpo es muy gordo, no le podemos llevar, y si es muy flaco, él no nos podrá llevar a nosotros.

San Francisco de Sales

ABSTRACTO

El individualismo abstracto y el colectivismo abstracto están engendrados por una sola y misma causa: la sustracción del hombre a las bases divinas de la vida, su escisión con lo concreto.

Nicolás Berdiaev

ABSURDO

Yo creo que la gente, cuando es inteligente y completamente normal, no debe pretender ser rara y extraña, porque llega al absurdo inventado.

Pío Baroja

No hay absurdo que no haya sido apoyado por algún filósofo.

Cicerón

Es más seguro interesar a los hombres por medio de lo absurdo que por medio de ideas justas.

Napoleón

ABULIA

Si en la vida práctica la abulia se hace visible en el no hacer, en la vida intelectual se caracteriza por el no atender.

Ganivet

ABUNDANCIA

Hay abundancia que es superfluidad y vicio.

Tomás Iriarte

ABURRIMIENTO

Parece absurdo, extraordinario, paradójico, y, sin embargo, es verdad; en todos esos puntos que son focos del arte, de la moda, o que se encuentran ante un paisaje admirable, la gente se aburre lo mismo que en los sitios en donde no hay un mal cuadro, ni una mala estatua ni más que un paisaje pelado.

Pío Baroja

Las vidas de los ricos son en el fondo tan aburridas y monótonas, sencillamente porque ellos no pueden escoger lo que ha de sucederles. Están aburridos porque son omnipotentes... La cosa que mantiene la vida romántica y llena de ardientes posibilidades es la existencia de esas grandes limitaciones vulgares que nos obligan a todos a enfrentarnos a las cosas que no nos gustan o que no esperamos.

Chesterton

Las gentes que no saben aburrirse y perder el tiempo ellos solos, son el azote de las personas que trabajan, víctimas de su importunidad.

Michel Déon

El aburrimiento es la enfermedad de las personas afortunadas; los desgraciados no se aburren, tienen demasiado que hacer.

A. Dufresnes

El aburrimiento es una mala hierba, pero también una especia que hace digerir muchas cosas.

Goethe

Lo que hace que los amantes no se aburran nunca de estar juntos, es que se pasan el tiempo hablando siempre de sí mismos.

La Rochefoucauld

Solemos perdonar a los que nos aburren, pero no perdonamos a los que aburrimos.

La Rochefoucauld

Nos aburrimos porque nos divertimos demasiado.

H. Maret

¿Te aburres? ¡Holgazán!

E. W. Estevens

Sólo los aburridos se aburren.

Anónimo

ABUSO

Al abuso de nuestras facultades físicas sucede el dolor; a los extravíos del espíritu siguen el pesar y el arrepentimiento.

Jaime Balmes

ACABAMIENTO

Todo lo bueno se acaba y...
—Y ésa es su delicia, que se acabe antes de terminar en la monotonía.
—Sí..., sólo lo que tiene límites es hermoso.

Juan A. de Zunzunegui

ACASO

En la vida hay que tener en cuenta el acaso. El acaso en definitiva es Dios.

Anatole France

ACCIDENTE

El que se rompe los dientes con la cáscara raramente come la almendra.

Aforismo alemán

ACCION

La acción es sólo el pensamiento condensado, concreto ya, oscuro, inconsciente.

Amiel

Sólo se ejerce una fuerte acción sobre los individuos apelando a sus pasiones o a sus intereses, no a su inteligencia.

Anatole France

La naturaleza está siempre en acción y maldice toda negligencia.

Goethe

Hace falta ser casi heroico en los pensamientos, para que las acciones sean, por lo menos, aceptables o inofensivas.

Maeterlink

El hombre ha de ser esclavo de la acción si quiere vivir.

Gregorio Marañón

La acción es lo único que tiene algún valor. Soñar que se juega al tenis no es nada. Leer libros de tenis no es nada. Jugar al tenis es un gran placer.

André Maurois

Una acción colectiva en la que creen todos los que en ella tienen parte; he aquí, me parece, una de las recetas de la felicidad.

André Maurois

Todas nuestras acciones son dictadas e impuestas por motivos que no admiten contradicción y por esto digo y sostengo que no son verdaderas acciones, como no llamo personalidad activa a la pelota que va lejos porque le doy una patada.

Giovanni Papini

Cuando la piedra ha salido de la mano, pertenece al diablo.

Proverbio suizo

He de preferir la acción a la crítica y comprender que

el que merece aprecio es el que obra de un modo activo, aunque sea imperfectamente, y no el que se contenta con explicar de qué modo debiera proceder.

Teodoro Roosevelt

La acción y la crítica son fáciles, el pensamiento no tanto.

Chesterton

ACCIONES

Dios no juzga de la perfección de nuestras acciones por el número de ellas, sino por el modo.

San Francisco de Sales

Aunque los hombres se jacten de sus grandes acciones muchas veces no son el resultado de un gran designio, sino puro efecto del azar.

La Rochefoucauld

La mayor parte de los hombres son capaces más bien de grandes acciones que de buenas acciones.

Montesquieu

Son muy pocas, si hay algunas, las acciones que están absolutamente mal o absolutamente bien. La vida es tan rica en situaciones diferentes, que no cabe encerrarla dentro de un único perfil moral.

José Ortega y Gasset

Las acciones son mucho más sinceras que las palabras.

Mlle. Scudery

Si se separa la verdad moral de las acciones humanas, falta la regla para juzgar tales acciones.

Chateaubriand

ACERTAR

Sólo de un modo se puede acertar; errar, de infinitos.

Feijoó

ACIERTO

Cuando conseguimos nuestro objetivo creemos que el camino fue bueno.

Paul Valéry

ACOMODARSE

No se trata de suspirar por un mundo mejor; se trata de tomarle la medida a éste único mundo que existe, y acomodarse en él lo mejor posible; del mejor modo que se pueda.

Noel Clarasó

El hombre más noble a todo se acomoda, aunque no sea obsequioso. El hombre inferior es obsequioso, pero no se acomoda a los demás.

Confucio

ACONSEJAR

Y nunca a los amantes aconsejes
y cuando tienen por gloria sus cuidados;
que es como quien predice a los herejes,
en sus vanos errores obstinados.

El que aconseja fríamente a quien sufre ignora que no puede librarle de los tormentos que la suerte le depara.

Goethe

El aconsejar es un oficio tan común que lo usan muchos y lo saben hacer muy pocos.

Fray Antonio de Guevara

ACONTECIMIENTOS

Los acontecimientos imponen diariamente actos que no se desean. Se pierde el tiempo en reparar los *herrores* del necio y en luchar contra la testarudez del amigo.

André Maurois

ACORDARSE

No hay más acerbo dolor que acordarse del tiempo feliz en la miseria.

Dante

ACORDE

El único acorde perfecto es el mayor, ya que el dolor —que corresponde al menor— no es nunca signo de perfección.

Bruschetti

ACRITUD

El sabio sólo usa de acritud contra sí mismo, y es amable con los demás.

Plutarco

ACTIVIDAD

La actividad es lo que hace dichoso al hombre.

Goethe

La actividad es el único camino que lleva al conocimiento.

George Bernard Shaw

Sólo en medio de la actividad desearás vivir cien años.

Proverbio japonés

ACTO DE VOLUNTAD

Todo acto de voluntad lo es de propia limitación. Desear la acción es desear una limitación. En este sentido, todo acto es un sacrificio. Al escoger una cosa rechazarás necesariamente otra.

Chesterton

ACTORES

Los actores son muy felices, porque tienen una gloria sin responsabilidad.

Alfredo de Vigny

ACTOS

A veces, pequeños actos oscuros cometidos en la soledad y con seguridad absoluta, nos definen mejor que los grandes crímenes.

François Mauriac

Todos mis actos tienen una faz inocente vuelta hacia mí y otra faz abominable vuelta hacia el mundo. Pero es tal vez que el mundo no tiene razón.

François Mauriac

Por los milagros se conocen los santos.

Proverbio francés

ACUERDO

En realidad, el acuerdo de cada uno consigo mismo es bastante raro; todos somos conflictivos vivientes. Cada uno de nosotros contiene en sí mismo un ser social y un individuo apasionado, un animal y un espíritu, el ángel y la bestia.

André Maurois

ACUSACION

La acusación es el modo habitual de defenderse de las mujeres cuando se han equivocado.

A. Decourcelle

Cuando la voz de un enemigo acusa, el silencio de un amigo condena.

Anónimo

ACUSAR

No es difícil discernir la verdad cuando dos mujeres se acusan: las dos tienen razón.

Anónimo

ADAPTACION

Frecuentemente es más breve y más sutil adaptarse a otros que hacer que los demás se ajusten a nosotros.

La Bruyère

Hay que amasar según la harina.

Proverbio irlandés

Bailaré según tu música.

Proverbio malayo

ADECUACION

No se debe desenvainar la espada contra un piojo.

Proverbio mongol

ADELANTE

Más quiero buscar la muerte dando tres pasos adelante, que vivir un siglo dando uno sólo hacia atrás.

Gonzalo de Córdoba

ADIVINACION

El día que fue cosa cierta la adivinación del pensamiento se morirían de vergüenza los que la tuviesen.

Santiago Rusinyol

ADMINISTRADOR

El buen administrador percibe las menudencias con un ojo, mientras que con el otro mira hacia el futuro. Es a la vez, galeote y soñador.

Lawrence Powell

ADMIRACION

Los hombres por lo común se admiran de ver la altura de los montes, las grandes olas del mar, las anchurosas corrientes de los ríos, la latitud inmensa del océano, el curso de los astros, y se olvidan de lo mucho que tienen que admirar en sí mismos.

San Agustín

La admiración no interroga nunca; con admirar comprende.

Jacinto Benavente

Es difícil resistir a una gran potencia de admiración.

François Mauriac

Asusta pensar que acaso las admiraciones más sinceras que tenemos son las de las personas que no nos han comprendido.

Benito Pérez Galdós

Si un arco iris dura un cuarto de hora, ya no se mira más.

Proverbio alemán

El amor más fuerte y más puro no es el que sube desde la impresión, sino el que desciende desde la admiración.

Anónimo

ADMIRADO

Es fácil ser admirado cuando se permanece inaccesible.

André Maurois

Dime quién te admira y te diré quién eres.

Sainte Beuve

Los que saben mucho se admiran de pocas cosas, y los que no saben nada se admiran de todo.

Séneca

ADORNOS

La prodigalidad de los adornos perjudica el efecto.

Honoré de Balzac

ADULACION

La adulación es una moneda que empobrece al que la recibe.

Duquesa d'Abrantes

No hay cosa que más presto rinda y allane las encastilladas torres de la vanidad de las hermosas, que la misma vanidad puesta en las lenguas de la adulación.

Miguel de Cervantes

La función esencial de la adulación es alabar a las personas por las cualidades que no tienen.

Chesterton

La adulación es una puerta muy ancha para el favor; pero ningún ánimo noble puede entrar por ella, porque es muy baja.

Feijóo.

Hombre fácil a la adulación es hombre indefenso.

Graf

Cuando se conoce el flaco de un hombre a quien se intenta agradar es preciso ser poco diestro para no conseguirlo.

Le Sage

Es muy difícil saber dónde termina la corrección y empieza la adulación.

Napoleón

El que usó mal incienso debe atenerse a quemarse las mangas.

Proverbio árabe

No hay quien sea enteramente inaccesible a la adulación, porque el hombre mismo que manifiesta aborrecerla, en alabándole de esto es adulado con placer suyo.

Shakespeare

ADULADOR

El adulador nunca piensa demasiado bien de sí mismo ni de los demás.

La Bruyère

El adulador es el que nos dice cara a cara lo que no diría a nuestras espaldas.

Anónimo

ADULADORES

Vale más caer entre las patas de los buitres que entre las manos de los aduladores, porque aquéllos sólo causan daños a los difuntos y éstos devoran a los vivos.

Antístenes

Tengo a los aduladores por mucho más bellacos que aquellos a quienes adulan y los considero casi los únicos causantes de la soberbia de éstos.

Luciano de Samosata

Los aduladores son como los ladrones; su primer cuidado consiste en apagar la luz.

Cardenal Richelieu

El amor propio es el más grande de todos los aduladores.

Walter Scott

ADULAR

Adular para reinar es la práctica de los cortesanos de todos los absolutismos y de los bufones de todos los tiranos.

Amiel

Como era cobarde, le adulaba.

Anatole France

Engullimos de un sorbo la mentira que nos adula y bebemos gota a gota la verdad que nos amarga.

Diderot

Quien sabe adular sabe calumniar.

Napoleón

Los príncipes más aborrecidos son siempre los más adulados.

Plinio el joven

ADULTERIO

Cualquiera que mirare a una mujer con mal deseo hacia ella, ya adulteró su corazón.

Jesucristo

Hay maridos tan injustos que exigen de sus mujeres una fidelidad que ellos mismos violan; se parecen a aquellos generales del ejército que huyen cobardemente del enemigo, quienes sin embargo, quieren que sus soldados ostengan el puesto con valor.

Plutarco

Las mujeres no pueden evitar confesar su traición al marido. ¿Por qué? Para demostrarles que gustan. Eventualmente, para recuperarle.

Prof. Theodor Reik

ADVERSARIO

Adversario quieto, enemigo doblado.

Proverbio portugués

ADVERSIDAD

En las adversidades sale a la luz la virtud.

Aristóteles

No hay hombre más desdichado que el que nunca probó la adversidad.

Demetrio

Siempre hay una avispa para picar el rostro en llanto.

Proverbio japonés

Un calvo halla un peine.

Proverbio siamés

Los golpes de la adversidad son muy amargos, pero nunca son estériles.

Renán

AFECTACION

La afectación es la caricatura del natural.

Sanial Dubay

La afectación es el deseo de agradar a los pedantes.

Anónimo

AFECTO

Es preciso hacerse querer, porque los hombres no son justos sino con aquellos a quienes aman.

J. Joubert

Unas veces nos amamos porque no nos conocemos, y otras, acaso las más, nos amamos porque nos ignoramos.

Santiago Ramón y Cajal

AFIRMAR

Sólo es posible afirmar en geometría.

Voltaire

AFLIGIDOS

A los afligidos no se les ha de añadir aflicción.

Miguel de Cervantes Saavedra

AFLIGIRSE

Quien se aflige antes de tiempo, se aflige más de lo necesario.

Séneca

AFORISMO

Los aforismos tienen parentesco con los proverbios: los dos son juegos de nuestra impotencia ante la verdad entera.

V. J. Wukmir

Los buenos aforismos se revelan por tener más convicción honrada que argumentos para defenderla.

V. J. Wukmir

AGRADECIMIENTO

La petición es cálida, el agradecimiento es frío.

Proverbio alemán

El agradecimiento es la parte principal de un hombre de bien.

Francisco de Quevedo

El agradecimiento es la memoria del corazón.

Anónimo

AGUA

Le hermana agua, que es utilísima, preciosa, casta y humilde.

San Francisco de Asís

AGUIJON

No hay mejor aguijón que la necesidad.

Homero

ALCOHOL

Al que inventó el alcohol sería cuestión de levantarle un monumento. A los tristes los vuelve alegres, y a los malos idiotas.

Santiago Rusinyol

ALEGRIA

No hay alegría mejor que la que mejor alegría difunde entre los demás.

Henry F. Hoar

La alegría es la pena que se disimula; sobre la tierra no hay más que dolores.

Selma Lagerlof

La alegría es el ingrediente principal en el compuesto de la salud.

A. Murphy

B

BAJEZA

La bajeza más vergonzosa es la adulación.

Bacon

BALADRONADA

El temor se oculta frecuentemente con las baladronadas.

Luciano

BANDERA

El que de pequeño respeta la bandera, sabrá defenderla cuando sea mayor.

Edmundo de Amicis

BANQUERO

El banquero es un señor que nos presta el paraguas cuando hace sol y nos lo exige cuando empieza a llover.

Mark Twain

BANQUETE

Una comida lubrifica los negocios.

Boswell

BARRER

Si cada uno barriera delante de su puerta, ¡qué limpia estaría la ciudad!

Proverbio ruso

BATALLA

Cuando se disipa el humo de las batallas, se deplora en secreto los errores que el entusiasmo hizo cometer.

Guillón

BEBER

Bebed porque sois felices, pero nunca porque seáis desgraciados.

Chesterton

Bebe en el pozo y dejar beber a otro.

Hassanein Bey

Quien bebe deprisa paga lentamente.

Proverbio francés

BELLA

Una joven bella y virtuosa es el objeto más hermoso que la naturaleza puede ofrecer a nuestra vista.

Barón de Holbach

Las mujeres en extremo bellas sorprenden menos al segundo día.

Stendahl

Decid a una mujer solamente una vez que es bella, y el diablo se lo repetirá cien veces al día.

Anónimo

BELLEZA

Lo bello es superior a lo sublime, porque es permanente y no sacia, mientras que lo sublime es relativo, pasajero y violento.

Amiel

Por muy poderosa que sea el arma de la belleza, desgraciada la mujer que sólo a este recurso debe el triunfo alcanzado sobre el hombre.

Severo Catalina

La belleza, cuando menos vestida, mejor vestida está.

Phineas Fletcher

La belleza es una carta de recomendación a breve plazo.

Ninón de Lenclós

El oro puede hacer mucho, pero la belleza más.

Massinger

Lo bello es aquello que es inteligible sin reflexión.

André Maurois

¡Qué bella flor el laurel rosa! y ¡qué amargo es el laurel rosa!

Proverbio bereber

El olmo tiene bellas ramas, pero no da fruto.

Proverbio vasco

La belleza, como la sabiduría, ama al adorador solitario.

Oscar Wilde

BELLO

No hay nada bello sino lo verdadero.

Boileau

Entender lo bello significa poseerlo.

W. Lübke

BENEFICENCIA

El dinero consagrado a la beneficencia no tienen ningun mérito si no representa un sacrificio, una privación.

César Cantú

BESAR

Hay labios tan finos que en vez de besar cortan.

P. Bourget

BESO

Guarda el beso de la mujer; es un tesoro que te ha dado.

Aziyade

El más difícil no es el primer beso sino el ultimo.

Paul Géraldy

· El beso es la válvula de escape de la honestidad.

Paul Géraldy

El beso es el contacto de dos epidermis y la fusión de dos fantasías.

Alfredo Musset

El beso es una forma de diálogo.

George Sand

El beso es un intercambio de microbios inconsciente.

Anónimo

BIEN

Haced bien a vuestros amigos y enemigos, porque así conservaréis los unos y os será posible atraer a los otros.

Cleóbulo

Jamás es perdido el bien que se hace.

Fenelón

Quien hace el bien desinteresadamente, siempre es pagado con usura.

Goethe

Muchas veces se hace el bien para poder hacer impunemente el mal.

La Rochefoucauld

Buscando el bien de nuestros semejantes encontramos el nuestro.

Platón

El que quiere hacer el bien de los demás ha hecho ya el suyo.

Proverbio chino

El sólo no hacer bien ya es un gran mal.

San Francisco de Sales

La esperanza del bien ya es un gran bien.

Constancio C. Vigil

BODA

Una boda es medicina que sana a toda mujer.

Tirso de Molina

La primera boda es la ley; la segunda la tolerancia; la tercera la iniquidad.

San Gregorio

BOLSA

La bolsa pesada hace el corazón ligero.

Ben Johnson

BORRACHERA

La vista del borracho es la mejor lección de sobriedad.

Anacarsis

BREVEDAD

Sé breve en tus razonamientos, que nadie es gustoso si es largo.

Miguel de Cervantes Saavedra

La manera más breve de hacer muchas cosas es hacer solamente una cada vez.

Smiles

La brevedad es el alma del ingenio.

Shakespeare

BRILLO

Te engrandece tu propio brillo.

Emerson

BUEN SENTIDO

El buen sentido es el instinto de la verdad.

M. Jacob

Del espíritu al buen sentido hay más distancia de lo que se piensa.

Napoleón

BUENA

Siempre que una cosa esté de acuerdo con nuestra naturaleza, es necesariamente buena.

Espinosa

BUENAS ACCIONES

Las buenas acciones refrescan la sangre y dan sueños felices.

F. Pananti

Una de las ventajas de ls buenas acciones está en elevar el alma y disponerla a hacer otras mejores.

Rousseau

BUENO

Querer ser bueno, es ya ser bueno.

Beauchène

No es bueno que los hombres sepan hasta que punto son buenos.

Chesterton

BUENO Y MALO

No existe nada bueno ni malo; es el pensamiento humano que lo hace aparecer todo así.

Shakespeare

BUENOS

Muchos son los buenos, si se da crédito a los testigos; pocos, si se toma declaración a sus conciencias.

Francisco de Quevedo

Hay que ser buenos no para los demás, sino para estai en paz con nosotros mismos.

A. Tournier

BUENOS MODALES

Por buena que se la cuna, mejor es la buena crianza.

Proverbio escocés

BURGUES

El burgués es el perfecto animal humano domesticado.

Adous Huxley

BURLA

Casi siempre la burla arguye pobreza de espíritu.

La Bruyère

Hemos de saber anticiparnos a encontrar lo cómico que haya en nosotros. Así podremos evitar que los otros se burlen de nuestra escasa perfección.

Noel Clarasó

Soportamos las reprensiones, pero no sufrimos las burlas. Preferimos ser malos a ser ridículos.

Molière

La burla y el ridículo son, entre todas las injurias, las que menos se perdonan.

Platón

BURLARSE

La mujer se burla de los hombres como quiere, cuando quiere y mientras quiere.

Honorato de Balzac

Las mujeres se parecen a los caballos en que se burlan del que no los sabe domar.

Dr. Letamendi

BUROCRACIA

El soldado inglés puede resistirlo todo, pero no al Ministerio de la Guerra inglés.

George Bernard Shaw

Algunas oficinas son como los campos santos. En cada puerta se podría escribir: «Aquí reposa el señor Fulano de Tal».

Anónimo

C

CABEZA

La cabeza de muchas personas de alta estatura se parece a las casas; es decir, que el piso más alto es el peor amueblado.

Bacon

CADENAS

El hombre ha nacido libre y por doquiera se encuentra sujeto con cadenas.

Rousseau

CAER

Nuestra mayor gloria no estar en no haber caído nunca, sino en levantarnos cada vez que caemos.

Goldsmith

Es duro caer, pero es peor todavía no haber intentado nunca subir.

Teodoro Roosevelt

CAIDA

Hay mucha dicha abyecta para casi todos en ver caído,

vejado o maltratado a un gran hombre. Parece que eso les disminuye hasta hacerlo del tamaño de ellos.

Ramón Gómez de la Serna

Cuando el árbol está desarraigado, las hormigas lo toman por asalto.

Proverbio georgiano

Si mi barba se quema, los otros vienen a encender su pipa en ella.

Proverbio turco

CALCULO

Salen errados nuestros cálculos siempre que entran en ellos el temor o la esperanza.

Molière

Todo en la vida está sujeto a cálculo.

Napoleón

CALENTURA

Una insignifcante calentura abate al hombre más robusto y extingue la más perfecta belleza.

Juan Luis Vives

CALIDAD

Por lo que respecta a la cantidad hemos hallado la manera de conocer y de calcularla hasta las más pequeñas diferencias, pero no hemos encontrado nada parecido tratándose de la «calidad».

Giovanni Papini

CALMA

La calma es la característica de la fuerza, así también las causas que tienen un peso mayor puede que sean las más silenciosas.

Carlyle

CALUMNIA

Si murmurar la verdad aun puede ser la justicia de los débiles, la calumnia no puede ser nunca más que la venganza de los cobardes.

Jacinto Benavente

El lujo de ser mejores que los demás hay que pagarlo; la sociedad exige un tributo que ha de pagarse en tiras de pellejo.

Jacinto Benavente

La calumnia tiene siempre más historiadores que la verdad.

Caraccili

La calumnia es como una avispa que es importuna y contra la cual no se debe hacer ningún movimiento si no se está seguro de destruirla.

Chamfort

Las mejores frutas son las que han sido picadas de los pájaros; los hombres más de bien son aquellos en quienes se ha cebado la calumnia.

Pope

Sólo se tiran piedras al árbol cargado de frutos.

Proverbio árabe

Nadie apalea a un perro muerto.

Proverbio chino

No hay montaña sin niebla; no hay hombre de mérito sin calumniadores.

Proverbio turco

Las heridas de la calumnia se cierran, pero siempre queda la cicatriz.

Reugesem

La calumnia está en todas partes; el calumniador no está en ninguna.

Eugenio Scribe

Es más fácil hacer historia de una calumnia que de cien verdades, y por eso aquélla tiene siempre historiadores.

Anónimo

CALUMNIADOR

El que habla de los hombres sin adulación y de las costumbres sin reticencia, aparece siempre como calumniador.

Aureliano Scholl

CALUMNIAR

Es vil y deshonroso calumniar a los desdichados.

Napoleón

CALLAR

Hay mucha gente interesada en que todos tengan por qué callar, para que no hablen de ellos.

Jacinto Benavente

Contra el callar no hay castigo ni respuesta.

Miguel de Cervantes

No pierdas tan bellas ocasiones de callar, como a diario te ofrecerá la vida.

Noel Clarasó

Cuando más sobrio es uno en palabras, menos necedades se le escapan; luego hay ventaja en callarse.

Labouisse

Callar es el partido más seguro para el que desconfía de sí mismo.

La Rochefoucauld

Si rey fuera, instituyera
cátedras para enseñar
a callar.

Lope de Vega

Lo que no quieras que no sepan muchos no lo digas a nadie.

Nieremberg

Es muy difícil saber hablar, pero lo es más saber callar.

Guillermo Palau

Muchas veces lo que se calla hace más impresión que lo que se dice.

Píndaro

No sabe hablar quien no sabe callar.

Pitágoras

Quien guarda su boca y su lengua, guarda su alma de angustias.

Proverbio bíblico

Nuestros padres nos han enseñado a hablar, y el mundo a callar.

Proverbio checo

Que por callar
a nadie se hizo proceso.

Lope de Vega

Muchas veces se arrepiente uno de haber hablado, y ninguna de haber callado.

Simónides

Lo que quieres que otros no digan, tú lo has de callar primero.

Juan Luis Vives

CAMBIAR

Yo mismo, en el momento de decir que todo cambia, ya he cambiado.

Séneca

CAMBIO

Por mi parte, una de las mayores ventajas que veo en las revoluciones es que, elevando a los puestos públicos a los hombres de acometividad e iniciativas, hay probabilidades de cambio en el régimen. Y todo cambio me parece, socialmente, provechoso, no más que por ser cambio, en sí y por sí.

Miguel de Unamuno

CAMBIOS

Todos los cambios, aún los más anhelados, tienen su

melancolía, pues lo que dejamos es una parte de nosotros mismos; hay que morir una vida para entrar en otra.

Anatole France

CAMINO

No vayas por ningún camino que no sepas donde va; pero si sabes que a buen destino guía, no te detengas por nada ni por nadie.

Mariano Aguiló

Caminante, son tus huellas
el camino, y nada más;
caminante, no hay camino,
se hace camino al andar.

Al andar se hace camino,
y al volver la vista atrás
se ve la senda que nunca
se ha de volver a pisar.

Caminante, no hay camino,
sino estelas en la mar.

Antonio Machado

Cuando te presenten muchos caminos, toma siempre el más recto, que es al mismo tiempo el más corto y seguro; la experiencia y la verdad te lo indicarán.

Marco Aurelio

Encontraré mi camino o me lo abriré yo mismo.

O. S. Marden

Si te sientas en el camino, ponte de frente a lo que aún has de andar y de espaldas a lo ya andado.

Proverbio chino

CANAS

Advertid, hijo, que son
las canas el fundamento
y la base a do hace asiento
la agudeza y la discreción.

Miguel de Cervantes Saavedra

CANSANCIO

Cualquiera especie de cansancio, si fuere espontáneo, anuncia alguna enfermedad.

Hipócrates

CANSAR

Nada cansa si se hace de buena voluntad.

Jefferson

CANTICO

El cántico es necesario para elevar los corazones a Dios.

Santo Tomás

CANTORES

Los que tienen buena voz, pero un canto monótono,

se exponen a que el auditorio se duerma. De Orfeo a Morfeo no va más que una letra.

Petit-Senn

CAPACIDADES

Muchos necios pasan por hombres superiores, y muchos hombres superiores pasan por necios; de suerte que en el estado social siempre hallarás igual número de capacidades aparentes.

Honorato de Balzac

CAPITAL

El capital es una composición de sangre y cieno con la que se alimenta el avaro.

Guillermo Palau

CAPITULAR

Unicamente queda vencido quien capitula en la adversidad.

O. S. Marden

CAPRICHOS

Los caprichos pueden ser perdonados, pero es un crimen despertar una pasión duradera para satisfacer un capricho.

André Maurois

De la imposición de la voluntad sobre el conocimiento es donde nacen los caprichos.

Guillermo Palau

Todo capricho surge de la imposición de la voluntad sobre el conocimiento.

Schopenhauer

La única diferencia que hay entre un capricho y una pasión eterna es que el capricho... dura más tiempo.

Oscar Wilde

¿La pasión, el no poder más? Todos los infelices llamamos así a los caprichos.

Jacob Wasserman

CARACTER

Las personas que tienen buen carácter son las más dignas de ser queridas.

Antístenes

Es preciso saber lo que se quiere; cuando se quiere, hay que tener el valor de decirlo, y cuando se dice, es menester tener el coraje de realizarlo.

Georges Clemenceau

El que no tiene carácter no es un «hombre», es una cosa.

Chamfort

A los hombres de carácter les gusta oír hablar de sus faltas; a los otros, no.

Emerson

El talento se cultiva en la soledad; el carácter se forma en las tempestuosas oleadas del mundo.

Goethe

La fama es un efluvio; la popularidad, un accidente; las riquezas, efímeras. Sólo una cosa perdura: el carácter.

Horace Greely

El carácter es la fuerza sorda y constante de la voluntad.

Lacordaire

El hombre no se destaca en la vida sino dominando su carácter o creándose uno.

Napoleón

Un hombre parece tener más carácter cuando sigue su temperamento que cuando sigue sus principios.

Nietzsche

Cuando más fuerte es un carácter, menos sujeto está a inconstancia.

Stendhal

Tener el carácter firme es tener una larga y sólida experiencia de los desengaños y desgracias de la vida.

Stendhal

Puede adquirirse todo en la sociedad, excepto el carácter.

Stendhal

La inteligencia es una espada cortante y de duro acero. El carácter es su empuñadura, y sin empuñadura no tiene valor.

Anónimo

CARGA

Nadie sabe lo que pesa la carga ajena.

Anónimo

CARGO

No hay hombres necesarios; no hay más que hombres útiles.

E. y J. de Goncourt

CARIDAD

La caridad es un deber; la elección de la forma, un derecho.

Concepción Arenal

En la caridad no hay nunca exceso.

Bacón

No hay mejor bolsa que la caridad.

Miguel de Cervantes Saavedra

La caridad es la belleza del alma.

Fray Luis de León

La caridad de los ricos no es más que la forma del remordimiento.

Amado Nervo

Quien da a los pobres, presta a Dios.

(Proverbios, XIX, 17)

En donde no hay caridad no puede haber justicia.

San Agustín

La caridad crece con ser comunicada.

Santa Teresa

El que da dinero que no ha ganado él, es generoso con el trabajo de los demás.

George Bernard Shaw

La caridad comienza por nosotros mismos, y la mayoría de la veces acaba donde comienza.

Horace Smith

La caridad del pobre consiste en querer bien al rico.

Anónimo

Muchos para cubrir sus faltas emplean la caridad.

Anónimo

CASADOS

La primera falta entre los casados, es la consideración.

Mme. de Puyseux

Los hombres casados son horriblemente aburridos cuando son buenos maridos, e insoportablemente presumidos cuando no lo son.

Oscar Wilde

CASAMIENTO

Es un yugo el casamiento
que al más bravo hace amansar.

Ruiz de Alarcón

CASARSE

Una mujer se casa para entrar en el mundo; un hombre, para salir de él.

Beatriz de León

Cásate y harás bien; no te cases, y harás mejor; pero no olvides que lo mejor es enemigo de lo bueno.

E. Thévenin

CASO

La humanidad no hará caso de ti, mientras que tú no hagas caso de la humanidad.

R. W. Trine

CASTA

Es casta la que no fue requerida en amores por ninguno.

Ovidio

CASTIDAD

Pues qué, ¿no sabéis que vuestro cuerpo es el templo del Espíritu Santo?

San Pablo

De todas las aberraciones sexuales, la más singular tal vez sea la castidad.

Remy de Gourmont

El tesoro de la castidad proviene de la abundancia del amor.

Rabindranath Tagore

CASTIGAR

Castigar a las mujeres por las debilidades que ellos se esfuerzan en inspirarlas, es una gran injusticia de los hombres.

Mme. de Mambert

CASTIGO

Trabaja en impedir delitos para no necesitar castigos.

Confucio

El castigo está en el corazón del hombre desde el mismo momento en que comete el crimen.

Hesiodo

El primer castigo del culpable es que su conciencia le juzga y no le absuelve nunca.

Juvenal

El que estando enfadado impone un castigo, no corrige, sino que se venga.

Montaigne

El castigo que incita al crimen, lo justifica.

Anónimo

CASUALIDAD

En todo lo que nos rodea y en todo lo que nos mueve debemos advertir que interviene algo la casualidad.

Anatole France

Lo que llamamos «casualidad» no es más que ignorancia de las causas físicas.

Liebinitz

Si la nariz de Cleopatra hubiese sido algunas líneas más corta, toda la faz de la tierra sin duda hubiera cambiado.

Pascal

La casualidad es un maestro para los insensatos.

Tito Livio

CAUSA

Una causa primera es tan absolutamente indispensable como el principio del tiempo o el límite del espacio.

Schopenhauer

CAUTELA

Procura ir con cautela en el ver, en el oír y mucho más en el hablar; oye a todos y de ninguno te fíes; tendrás a todos por amigos, pero guárdate de todos como de un enemigo.

Gracián

CEGUERA

Los ojos no sirven de nada a un cerebro ciego.

Proverbio árabe

¿Qué ve el ciego, aunque se le ponga una lámpara en la mano?

Proverbio hindú

CELEBRIDAD

¿Sabes qué es celebridad? La ventaja de ser conocido por los que no te conocen.

Chamfort

Una fórmula para alcanzar la celebridad puede ser ésta: expresar ideas sencillas con claridad, ingenio y cortesía.

André Maurois

CELOS

Ser celoso es el colmo del egoísmo, es el amor propio desvirtuado, es la irritación de una falsa vanidad.

Honorato de Balzac

Si los celos son señales de amor, es como la calentura en el hombre enfermo, que el tenerla es señal de tener vida, pero vida enferma y mal dispuesta.

Miguel de Cervantes Saavedra

Aunque la rabia de celos
es tan fuerte y vigorosa,
si los pide una hermosa
no son celos, sino cielos.

Miguel de Cervantes Saavedra

¡Oh celos, celos, cuán mejor os llamaran duelos, duelos!

Miguel de Cervantes Saavedra

Los celos son la medianería entre el amor y el odio.

Commerson

El hombre es celoso, si ama; la mujer también, aunque no ame.

Kant

En los celos hay más amor propio que amor.

La Rochefoucauld

Los celos son el amor propio de la carne.

E. Rey

Lo que hace tan agudo el dolor de los celos, es que la vanidad no puede ayudar a soportarlo.

Stendhal

La mujer raras veces nos perdona que seamos celosos; pero no nos perdona nunca si no lo somos.

P. I. Toulet

CELOSO

El que es celoso, no es nunca celoso por lo que ve; con lo que se imagina le basta.

Jacinto Benavente

CELULAS

Nuestras células piensan.

Edison

CENSURA

No hay censura que no sea útil. Cuando no me hace conocer mis defectos, me enseña los de mis censores.

Hebbel

No seas exigente en demasía al censurar a otros; procura, ante todo, no dar motivo para que otros con razón te censuren.

Juan Luis Vives

CIELO

Nunca como al morir un ser querido necesitamos creer que hay un Cielo.

Jacinto Benavente

Creo que si miráramos siempre al cielo, acabaríamos por tener alas.

G. Flaubert

Que contra el poder del cielo
no hay resistencia en la tierra.

Ruiz de Alarcón

CIENCIA

La ciencia daña tanto a los que saben servirse de ella, cuanto es útil a los demás.

Anaxágoras

Poca ciencia aleja muchas veces de Dios, y mucha ciencia conduce siempre a él.

Bacon

Ninguna ciencia, en cuanto a ciencia, engaña; el engaño está en quien no la sabe.

Miguel de Cervantes Saavedra

La ciencia es, ante todo y sobre todo, un docto ignorar.

Cusano

Hoy los datos de la Ciencia
crecen con tal abundancia
que hay que usar la inteligencia
para ocultar la ignorancia.

Salvador Euras

Ciencia es todo aquello sobre lo cual siempre cabe discusión.

José Ortega y Gasset

La ciencia es sólo un ideal. La de hoy corrige la de ayer, y la de mañana la de hoy.

José Ortega y Gasset

Ciencia sin conciencia no es más que la ruina del alma.

Rabelais

La ciencia humana consiste más en destruir errores que en descubrir verdades.

Sócrates

La ciencia es como la tierra; sólo se puede poseer un poco de ella.

Voltaire

CINE

La única arma de precisión que permite matar a la Muerte.

Jean Cocteau

CIRCUNSTANCIAS

Las circunstancias hacen a los hombres hábiles lo que ellos quieren ser, y pueden con los hombres débiles.

Mariano José de Larra

Los hombres se modelan sobre las circunstancias.

Napoleón

Muchas veces las circunstancias que rodean al hombre forman su carácter como producto de sus circunstancias.

Guillermo Palau

CIVILIZACION

El valor de una civilización se mide no por lo que sabe crear, sino por lo que sabe conservar.

Edouard Herriot

Salvar la civilización es salvar la vida de un pueblo.

Víctor Hugo

El primer surco abierto en la tierra por el hombre salvaje, fue el primer acto de su civilización.

Lamartine

La civilización no es otra cosa, que la aceptación por parte de los hombres, de convenciones comunes.

André Maurois

CLARIDAD

La claridad es la cortesía de los profesores.

E. Geruzez

Hay que ser profundo con claridad, y no con palabras oscuras.

J. Joubert

Es muy claro, sí, tan claro
que no se ve cosas
sin sombras deslumbra la lumbre,
pesadumbre de losa,
se anega el sendero
todo en luz confundido,
y el ciego sentido
sin asidero;
terrible claridad
es la nada de la verdad.

Miguel de Unamuno

.La claridad es el ornato de los pensamientos profundos.

Vauvenargues

COBARDIA

La cobardía es el miedo consentido; el valor es el miedo dominado.

Legouvé

El heroísmo no se puede exigir, pero la cobardia no se puede disculpar.

Valentín Moragas Roger

Vale más ser cobarde un minuto que muerto todo el resto de la vida.

Proverbio irlandés

COLERA

La cólera es una demencia pasajera.

Cicerón

La cólera que se desfoga por la boca, no se desfoga por las manos.

Francisco de Quevedo

La cólera no nos permite saber lo que hacemos y menos lo que decimos.

Schopenhauer

En amor, la cólera siempre es engañosa.

Anónimo

COLERICO

Si estás colérico, cuenta hasta cien antes de hablar.

Jefferson

COMEDIMIENTO

Siempre ha sido
el valiente comedido,
y descortés el cobarde.

Fray Gabriel Téllez

COMER

Lo que distingue al hombre inteligente de los animales es el modo de comer.

Brillat-Savarin

No te arrepientas nunca de haber comido poco.

Jefferson

Cómase lo que basta, no lo que sobra.

Ramón Llull

COMERCIO

Ninguna nación fue arruinada jamás por el comercio.

Franklin

El comercio es la escuela de las trampas.

Vauvenargues

COMPAÑERA

Con frecuencia el hombre busca una diversión y halla una compañera.

André Maurois

No te damos una sierva, sino una compañera.

San Pablo

COMPAÑERO

El compañero de lecho se escoge mientras es de día.

Proverbio sueco

COMPAÑIA

De las miserias suele ser alivio una compañía.

Miguel de Cervantes Saavedra

Hacer compañía consiste en añadir algo a las vidas de los demás, y hacer que ellos se sientan cómodos en nuestra compañía.

Noel Clarasó

CONCIENCIA

Grave es el peso de la propia conciencia.

Cicerón

La conciencia es un soplo del espíritu de Dios, que-
reside en nosotros.

Chesuel

El primer castigo del culpable es que jamás será ab-
suelto por su conciencia.

Juvenal

La conciencia es el mejor libro de moral que tenemos.

Pascal

La conciencia vale por mil testigos.

Quintiliano

La conciencia es la más variable de todas las reglas.

Vauvenargues

CONDUCTA

Nuestro carácter es el resultado de nuestra conducta.

Aristóteles

Observa, escucha, calla. Juzga poco, pregunta mucho.

A. Graf

Obra siempre de modo que tu conducta pudiera servir
de principio a una legislación universal.

Kant

Resuélvete a seguir la conducta más excelente y por costumbre te deleitarás en ella.

Pitágoras

Nuestra conducta es la única prueba de la sinceridad de nuestro corazón.

T. Wilson

CONFIANZA

La confianza en sí mismo es el primer secreto del éxito.

Emerson

No os fiéis del que de nada se fía.

A. Graf

El mayor despeñadero, la confianza.

Francisco de Quevedo

CONSEJO

El consejo dado a un necio es como perlas arrojadas al muladar.

Esopo

Escuchad el consejo del que mucho sabe; pero sobre todo escuchad el consejo de quien mucho os ama.

A. Graf

A quien da consejos no le duele la cabeza.

Proverbio italiano

Cuando el carro se ha roto, muchos os dirán por donde no se debía pasar.

Proverbio turco

CONSTANCIA

La constancia es el fondo de la virtud.

Honorato de Balzac

La constancia obtiene las cosas difíciles en poco tiempo.

Franklin

CORAZON

Tiene el corazón sus razones que la razón no conoce.

Mariano Aguiló

De todos los senderos que conducen a un corazón de mujer, el de la piedad es el más breve.

Beaumont Fletcher

No hay más que un modo de ser feliz por el corazón; es el no tener corazón.

Paul Bourget

El corazón humano es un abismo sin fondo.

Filón

De nada sirven el valor y el genio sin las cualidades del corazón.

Goldsmith

Por el corazón somos más sociables y tratables que por el espíritu.

La Bruyère

Nuestro corazón tiene la edad de aquello que ama.

Marcel Prevost

El corazón es un niño, espera lo que se desea.

Proverbio turco

Para abrir el corazón ajeno es necesario antes abrir el propio.

Quesnel

El intelecto busca, pero quien encuentra es el corazón.

George Sand

El corazón tiene la forma de una urna. Es un vaso sagrado repleto de secretos.

A. de Vigny

D

DADIVAS

Adonde interviene el favor y las dádivas, se allanan los riscos y se deshacen las dificultades.

Miguel de Cervantes Saavedra

DAMA

Cuando una dama está en un error, hay que empezar por pedirle perdón.

Francis de Croisset

DAR

Hay mucha diferencia de dar lo que se posee y tiene en las manos, a dar lo que está en esperanzas de poseerse.

Miguel de Cervantes Saavedra

Da a los otros aquello que de nosotros les gusta; lo demás, guárdalo.

Noel Clarasó

Dar ostentosamente es mucho peor que no dar.

Clemente XIV

La manera de dar vale más que lo que se da.

P. Corneille

Quien da pronto da dos veces.

Séneca

DEBER

El deber es ser útil, no como se desee, sino como se pueda.

Amiel

No es humano el deber que por soñar con una humanidad perfecta es inexorable con los hombres.

Jacinto Benavente

Ante el sentimiento del deber enmudecen las más rebeldes pasiones.

Kant

Todos somos iguales ante el deber moral.

Kant

Dios no nos impone jamás un deber sin darnos posibilidades y tiempo para cumplirlo.

Ruskin

¿Has cumplido con tu deber? Confía en el Cielo que no te abandonará.

Samaniego

El deber es lo que esperamos que hagan los demás, no lo que hacemos nosotros mismos.

Oscar Wilde

DEBILIDAD

Un débil puede combatir, puede vencer; pero nunca puede perdonar.

Adisson

La más peligrosa de todas las debilidades es el temor a parecer débil.

Bossuet

Las personas débiles no pueden ser sinceras.

La Rochefoucauld

En el ser débil está la verdadera miseria.

Milton

¡Cuántos hombres son culpables sólo a causa de su debilidad para con sus mujeres!

Napoleón

DEBITO

Paga la mitad quien confiesa el débito.

Herrick

DECADENCIA

La decadencia sólo puede encontrar factores cuando lleva la careta del progreso.

George Bernard Shaw

DECIR

Aquel que dice cuanto piensa, piensa muy poco lo que dice.

Mariano Aguiló

Mil modos de decir la misma cosa
es mil cosas que decir;
hacer hablar a Dios, arte dichosa,
dicho, dicha, porvenir.

Miguel de Unamuno

DECISION

Decídete y serás libre.

Longfellow

Nada tan difícil como decidirse.

Napoleón

DEFECTOS

Quien soporta mis defectos es mi amo, aunque sea
mi criado.

Goethe

Hay defectos que manifiestan un alma bella mejor que
ciertas virtudes.

Cardenal de Retz

DEFENDER

No tires de la espalda para matar, sino para defender.

Focílides

DEFINIR

Al lado de la necesidad de definir se encuentra el peli-
gro de embrollarse.

Honorato de Balzac

DEJAR

No dejes para mañana lo que puedas hacer hoy.

Jefferson

DELEITE

El deleite mucho mayor es imaginario que gozado, aunque en los verdaderos gustos debe ser lo contrario.

Miguel de Cervantes Saavedra

DELITO

Todo delito que no se convierte en escándalo, no existe para la sociedad.

Heine

DELITOS

Todos los delitos deben ser declarados tales previamente por la ley.

Beccaria

DERECHO

De la fuerza nace el derecho.

Bismarck

No hay derecho contra derecho.

Bossuet

No se ejerce nunca tan bien y tan plenamente un derecho, como cuando se ejerce por deber.

Numa Boudet

El derecho es el conjunto de las condiciones por las cuales el árbitro de cada cual puede coexistir con el árbitro de los demás, según una ley universal de libertad.

Kant

Se abusa del derecho a la vida siempre que no se la exponga constantemente.

George Bernard Shaw

DERROTA

El bien puede resistir derrotas; el mal, no.

Rabindranath Tagore

DESCANSO

El mayor goce es el descanso después del trabajo.

Kant

El descanso pertenece al trabajo como los párpados a los ojos.

Rabindranath Tagore

DESDICHA

Ante cualquier desdicha que nos aflige, siempre nos admiramos als entir menos de lo que a nuestro parecer debiéramos haber sentido.

Jacinto Benavente

La desdicha es el vínculo más estrecho de los corazones.

La Fontaine

Acostada en medio de desdichas, el alma se ve mucho.

Sófocles

DESDICHADO

No hay hombre más desdichado que el que nunca conoció la adversidad.

Demetrio

No hay cosa más excusada y aún perdida, que contar el miserable sus desdichas a quien tiene el pecho colmado de contentos.

Miguel de Cervantes Saavedra

DESEO

El deseo vence al miedo, atropella inconvenientes y allana dificultades.

Mateo Alemán

No es bueno que todo suceda como deseamos.

Bossuet

Por lo general los hombres creen fácilmente lo que desean.

Julio César

La posesión es el sepulcro del deseo.

De Bugui

El deseo y la felicidad no pueden vivir juntos.

Epicteto

Las cosas pierden al ser poseídas todo el valor que tuvieron al ser deseadas, porque el deseo es un artista engañador y mentiroso.

Ricardo León

Amar sin deseo es peor que comer sin hambre.

Jacinto Octavio Picón

DESEOS

Un alma se mide por las dimensiones de sus deseos, como se juzga una catedral por la altura de sus campanarios.

G. Flaubert

Nunca estamos más lejos de nuestros deseos que cuando nos imaginamos poseer lo deseado.

Goethe

El hombre tiene muchos más deseos que necesidades, pues la vida es corta y nuestro porvenir limitado.

Goethe

El hombre es mortal por sus temores, e inmortal por sus deseos.

Pitágoras

Buscando las cosas inciertas, perdemos las ciertas.

Plauto

Es gran bien tener deseos, ya que no pueden ser grandes las obras.

Santa Teresa

Los deseos de nuestra vida forman una cadena cuyos eslabones son las esperanzas.

Séneca

Quien sabe imitar sus deseos, es siempre riquísimo.

Voltaire

DESESPERACION

> Yo sé muy poco, y diría,
> y está muy puesto en razón
> que la desesperación
> no puede ser valentía.

Miguel de Cervantes Saavedra

La desesperación es el dolor de los débiles.

Jean Dolent

El árbol deshojado es el amante de los ciclones.

Proverbio hindú

Quien ha perdido la esperanza ha perdido también el miedo; tal significa la palabra «desesperado».

Schopenhauer

DESGRACIA

La mayor desgracia es merecer la desgracia.

La Fontaine

La desgracia abre el alma a una luz que la prosperidad no ve.

Lacordaire

No es valiente el que desafía a la muerte, sino el que impávido soporta la desgracia.

Massinger

No hay árbol que el viento no haya sacudido.

Proverbio hindú

DESGRACIAS

Entre todas las desgracias la peor es la de haber sido feliz.

Boezio

Las desgracias más temidas, de ordinario, son aquellas que no llegan jamás.

Lowell

E

EBRIO

Quien discute con un ebrio, lucha con un ausente.

Publio Siro

ECO

El eco burla de su origen para probar que es él el original.

Rabindranath Tagore

Un eco es muchas veces más bello que la voz que repite.

Oscar Wilde

ECONOMIA

Gran renta es la economía.

Cicerón

La renta es más segura que la economía: la economía es hija del orden y de la asiduidad.

Cicerón

Nada es suficiente para el que no se conforma con poco.

Epicuro

Amo la casa en la cual no veo nada superfluo y hallo todo lo necesario.

Franklin

La economía consiste en saber gastar, y el ahorro, en saber guardar.

O.S. Marden

EDUCACION

La educación es un seguro para la vida y un pasaporte para la eternidad.

Aparisi y Guijarro

La mayor parte de las gentes confunde la educación con la instrucción.

Severo Catalina

La naturaleza hace que los hombres nos parezcamos unos a otros y nos juntemos; la educación hace que seamos diferentes y que nos alejemos.

Confucio

No hay gente ineducada. Todo el mundo está educado: sólo que mucha gente está mal educada.

Chesterton

La educación es el arte de preparar al hombre para la vida eterna mediante la elevación de la presente.

Dupanloup

No comprimas con mucha fuerza y vigor la mano de un niño tierno.

Focílides

Toda la educación se reduce a estas dos enseñanzas: aprender a soportar la injusticia y aprender a sufrir las desdichas.

Abate Galiani

No hay malas hierbas ni hombres malos; sólo hay malos cultivadores.

Víctor Hugo

Nada hay que resista a la educación: a fuerza de educación se hace bailar a los osos.

Helvetius

Tan sólo por la educación puede el hombre llegar a ser hombre. El hombre no es más que lo que la educación hace de él.

Kant

La educación es el desarrollo en el hombre de toda la perfección de que su naturaleza es capaz.

Kant

Un grano de buena experiencia a los nueve años, vale mucho más que un curso de moral a los veinte.

J. Nievo

El principio de la educación es predicar con el ejemplo.

Turgot

La verdadera bondad con la leche se toma y, como dicen, al enhornar se hacen los panes tuertos.

Juan Luis Vives

EDUCAR

Educar la inteligencia es ampliar el horizonte de sus ˙seos y de sus necesidades.

J.R. Lowell

Educad a los niños y no será necesario castigar a los hombres.

Pitágoras

Educar no es dar carrera para vivir, sino templar el alma para las dificultades de la vida.

Anónimo

EGOISMO

No hay cálculos más errados que los del egoísmo.

Concepción Arenal

El único egoísmo aceptable es el de procurar que todos estén bien para uno estar mejor.

Jacinto Benavente

De la boca que come sin darte, tú no oirás su grito de dolor.

Proverbio africano

El que sólo vive para sí está muerto para los demás.

Publio Siro

Egoísmo bien entendido es filantropía bien aplicada.

Constancio C. Virgil

EGOISTA

El egoísta sería capaz de pegar fuego a la casa del vecino para hacer freir un huevo.

Bacon

El egoísta encuentra un placer malsano en turbar la alegría de los demás.

Dangenne

EGOTISMO

Los libros de egotismo no escapan a los efectos que rige la ley de los demás; si son fastidiosos, se olvidan.

Stendhal

EJEMPLO

El ejemplo es la escuela de la humanidad, la única escuela que puede instruirla.

Burke

Un noble ejemplo hace fáciles las acciones difíciles.

Goethe

El ejemplo es más eficaz que los preceptos.

Johnson

Mucha aprovecha a las costumbres el ejemplo.

Valerio Máximo

Las palabras son enanos, los ejemplos son gigantes.

Proverbio suizo

No se debe imitar a uno solo, aunque sea el más sabio.

Séneca

Los ejemplos corrigen mucho mejor que las reprimendas.

Voltaire

El ejemplo es la lección que todos los hombres pueden leer.

Morris West

EJERCICIO

El ejercicio físico bien dirigido produce en la voluntad idéntico efecto que en los músculos: esto es, la desarrolla.

E. W. Stevens

EJERCITO

Mis arreos son las armas,
Mi descanso es pelear,
Mi cama las duras peñas,
Mi dormir, siempre velar.

(Romancero del Cid)

Un ejército es un pueblo que obedece.

Napoleón

Un ejército que no se recluta acaba por capitular.

Napoleón

El ejército es el pez y el pueblo es el agua en la cual se mueve.

Proverbio anamita

El que combate y se retira a tiempo puede luchar otra vez; pero el que pelea y muere no podrá volver al combate.

Ray

ELEGANCIA

El hombre se hace rico; nace elegante.

Honorato de Balzac

La elegancia es una faceta esencial de la especie humana; como la verdad, la belleza, la justicia.

José Ortega y Gasset

ELOCUENCIA

Decirlo todo sin ir a la Bastilla.

Abate Galiani

La elocuencia es el arte de abultar las pequeñas cosas y disimular las grandes.

Isócrates

Los hombres son más elocuentes que las mujeres, pero las mujeres tienen mayor poder de persuasión.

Randolph

ELOGIAR

Seas parco en elogiar, y más parco todavía para vituperar.

Séneca

ELOGIO

El elogio en boca propia desagrada a cualquiera.

Diógenes

Los elogios de la gente ignorante perjudican más que honran.

Pananti

Los justos elogios es un perfume que se reserva para enbalsamar a los muertos.

Voltaire

Una sola palabra de elogio es capaz de levantar el ánimo más decaído.

Anónimo

ELOGIOS

Huye de los elogios pero trata de merecerlos.

Fenelón

EMOCION

La habilidad moderna no consiste en esconder la emoción, sino en afectarla.

Chesterton

No es prudente tener gran confianza en palabras pronunciadas en momentos de emoción.

Goethe

Sólo las personas superficiales necesitan años para verse libres de una emoción. Un hombre dueño de sí mismo puede poner término a un dolor con la misma facilidad que puede inventar un placer.

Oscar Wilde

EMOCIONES

Las emociones humanas pierden su fuerza cuando carecen de prestigio de la novedad. La victoria suprime la excitación de la lucha.

André Maurois

Las emociones son las señoras, el intelecto, el señor.

Spencer

ENAMORADA

No se puede saber qué es una mujer, hasta que se ha visto a una mujer enamorada.

T. Gautier

ENAMORADO

Un loco enamorado sería capaz de hacer fuegos artificiales con el sol, la luna y las estrellas, para recrear a su amada.

Goethe

En la vida del enamorado, los prudentes consejos del viejo suenan como la voz atiplada de un eunuco que disertara sobre las excelencias del celibato.

Santiago Ramón y Cajal

Un hombre enamorado suele ser un egoísta.

C.M. Tuckeray

Cuando se está enamorado, comienza uno por engañarse a sí mismo y acaba por engañar a los demás. Esto es lo que el mundo llama una novela.

Oscar Wilde

El hombre enamorado no lo nota, pero con el tiempo se vuelve idiota.

Anónimo

ENAMORARSE

Enamorarse es, por lo pronto, sentirse encantado por algo, y algo sólo puede encantar si es o parece ser perfección.

José Ortega-y Gasset

Hay quien ha venido al mundo para enamorarse de una sola y determinada mujer y, consecuentemente, no es probable que tropiece con ella.

José Ortega y Gasset

El hombre que se enamora de una mujer que tiene más años que él es un arqueólogo.

Santiago Rusinyol

ENCANTO

La más importante y peligrosa gran potencia del mundo es el encanto de la mujer.

Jókai

ENCONTRAR

Cuando el hombre no se encuentra a sí mismo, no encuentra nada.

Goethe

ENEMIGO

Haz bien a tu enemigo si un día te necesita; ya basta que Dios lo castigue a mendigar a su contrario.

Mariano Aguiló

ENGAÑAR

Las mujeres perdonan alguna vez al que las ha engañado; pero nunca al que no han podido engañar.

Jacinto Benavente

La intención de no engañar nunca nos expone a ser menos engañados.

La Rochefoucauld

Engañar a los hombres de uno en uno es bastante más difícil que engañarlos de mil en mil; por eso el orador tiene menos mérito que el abogado o el curandero.

Santiago Rusinyol

ENGAÑO

No engaña a las mujeres ningún hombre, por regla general se engañan ellas.

Ramón de Campoamor

Unicamente puede llamarse a engaño de la vida quien a si mismo se engaña.

Emerson

Nuestra desconfianza justifica el engaño ajeno.

La Rochefoucauld

Engaño hay en el corazón de los que piensan males; más a los que tratan consejos de paz, les sigue la alegría.

O.S. Marden

Hay una cierta habilidad en engañarse a sí mismo, que ayuda a vivir a la mayoría de los hombres. Otros tienen claro conocimiento en seguida de todos sus sentimientos viles.

François Mauriac

La primera vez que tú me engañes, la culpa es tuya; pero la segunda vez, la culpa es mía.

Proverbio árabe

El delito de los que nos engañan no está en el engaño, sino en que ya no nos dejan soñar que no nos engañarán nunca.

Víctor Ruiz Iriarte

ENSEÑAR

Si se enseña algo a un hombre, jamás lo aprenderá.

George Bernard Shaw

Una cosa es saber y otra saber enseñar.

Cicerón

A los niños debe enseñárseles a investigar por sí mismo.

Orígenes

El que no da un oficio a su hijo, le enseña a ser ladrón.

Proverbio turco

ENTENDIMIENTO

Tan capaz es nuestro entendimiento para entender las cosas altísimas y clarísimas de la naturaleza, como los ojos de la lechuza para ver el sol.

Aristóteles

La grandeza del entendimiento no se mide por su extensión, sino por la justeza y verdad de sus opiniones.

Epicteto

Más vale un entendimiento que muchas manos.

Eurípides

La llave que se usa constantemente, reluce como la

plata; no usándola se llena de herrumbre. Lo mismo pasa con el entendimiento.

Franklin

Como la vela, al arder, el entendimiento humano alumbra, quemándose, consumiéndose y derramando lágrimas.

Santiago Ramón y Cajal

De igual modo que hay una honradez de la voluntad, hay una honradez del entendimiento: estudiar a fondo las cosas y saber cambiar desinteresadamente de opinión.

Santiago Ramón y Cajal

El entendimiento agudo, pero sin grandeza, pincha, pero no se mueve.

Rabindranath Tagore

ENVIDIA

Es tan fea la envidia que siempre anda por el mundo disfrazada, y nunca más odiosa que cuando pretende disfrazarse de justicia.

Jacinto Benavente

La envidia es una declaración de inferioridad.

Napoleón

La envidia va tan flaca y amarilla porque muerde y no come.

Francisco de Quevedo

La envidia que parla y que grita es siempre inhábil; se debe temer bastante en cambio la que calla.

Rivarol

Nadie es realmente digno de envidia.

Schopenhauer

Castiga a los que tienen envidia haciéndoles bien.

Proverbio árabe

La envidia, corrosiva del corazón, es confesión secreta de nuestro personal fracaso.

Anónimo

ENVIDIAR

El sabio no envidia la sabiduría de otro.

Erpenio

EQUIVOCARSE

Muchos hombres no se equivocan jamás porque no se proponen nada razonable.

Goethe

Tened el valor de equivocaros.

Hegel

Algunos se equivocan por temor a equivocarse.

Lessing

El único hombre que no se equivoca es el que nunca hace nada.

Anónimo

ERROR

Conviene matar el error, pero salvar a los que van errados.

San Agustín

Terrible es el error cuando usurpa el nombre de la ciencia.

Jaime Balmes

Los errores de la mujer derivan casi siempre de su fe en el bien, o de su confianza en la verdad.

Honorato de Balzac

Cita siempre errores propios antes de referirte a los ajenos. Así nunca parecerá que presumas.

Noel Clarasó

No podemos evitar el cometer errores, pero sí podemos poner constantemente atención para tratar de evitarlos.

Epicteto

Tan sólo el hombre íntegramente educado es capaz de confesar sus faltas y de reconocer sus errores.

Franklin

Son más instructivos los errores de los grandes intelectos que las verdades de los mediocres.

A. Graf

La vergüenza de confesar el primer error, hace cometer otros muchos.

La Fontaine

Para destruir un error hace falta menos tiempo que para darle vida.

Gustavo Le Bon

No hay un solo error que no haya tenido sus seguidores.

Locke

No hay errores inocuos en filosofía, y en moral especialmente. El retorno del error a la ignorancia es un progreso.

Manzoni

El error largamente acariciado es como la rueda enclavada en el hoyo. La carroza del amor propio obstinase en salvarlo, pero sólo consigue hacer más honda la rodada y más grave el atasco.

Santiago Ramón y Cajal

El error es una planta tenza; florece en todos los suelos.

M. Tupper

EXPERIENCIA

Si quieres aprender la ciencia
en el mundo más necesaria,
no olvides la lección diaria,
que a todos da la experiencia.

Mariano Aguiló

La experiencia es la suma de nuestros desengaños.

Anguez

No te apresures por llegar al fin de la carrera; deja que alguno te pase delante y caminarás más seguro con la experiencia de sus peligros.

Bión

La experiencia es un sabio hecho a trompicones.

Ramón de Campoamor.

Daría con gusto una mitad de la ciencia que me sobra

por adquirir una pequeña parte de la experiencia que me falta.

P. Flores

En la escuela de la experiencia, las lecciones cuestan caras, pero solamente en ellas se corrigen los insensatos.

Franklin

La experiencia tiene la misma utilidad que un billete de lotería después del sorteo.

D'Houdetot

Más vale un abrojo de experiencia que toda una selva de advertencias.

James Russell Lowell

La experiencia no consiste en el número de cosas que se han visto, sino en el número de cosas que se han reflexionado.

José María de Pereda

Prefiere el bastón de la experiencia al carro rápido de la fortuna. El filósofo viaja a pie.

Pitágoras

Nuestra experiencia está hecha más bien de ilusiones perdidas que de sabiduría adquirida.

J. Roux

La experiencia no sirve de nada. Los hombres experimentados son como aquellos jugadores que apuntan las cartas que han salido, pero no saben las que han de salir.

Santiago Ramón y Cajal

Generalmente la experiencia se atribuye a las personas de cierta edad, y, lo que es peor, se la atribuyen ellas mismas.

E. W. Stevens

La experiencia es la demostración de las demostraciones.

Vaunevarges

La naturaleza está repleta de razonamientos que no tuvo nunca la experiencia.

Leonardo da Vinci

La experiencia no tiene valor ético alguno. Es simplemente el nombre que damos a nuestros errores.

Oscar Wilde

La experiencia es una mujer respetable, a quien se venera sin preguntarle si su pasado fue sospechoso.

Anónimo

F

FABULA

Una fábula es un puente que conduce a la verdad.

Proverbio árabe

FACULTADES

Feliz el que reconoce a tiempo que sus deseos no van de acuerdo con sus facultades.

Goethe

La regla principal es no cultivar aisladamente ninguna facultad por sí misma, sino cultivar cada una de ellas cor relación a las demás.

Kant

FALSA

Sólo hay una criatura falsa: el hombre.

Schopenhauer

FALSO

No por creer en poder llegará el que es falso a la verdad.

Rabindranath Tagore

FALTA

Toda gran falta es un acto de egoísmo.

Concepción Arenal

El mal está en tener faltas, no en tratar de enmendarlas.

Confucio

Observando las faltas de un hombre, llegamos a conocer sus virtudes.

Confucio

FAMA

La fama es peligrosa: su peso es ligero al principio, pero se vuelve cada vez más pesado y difícil de eludir.

Esiodo

Dichoso el que no ha conocido nunca el sabor de la fama; tenerla es un purgatorio; perderla, un infierno.

Bulwer Lytton

La fama, juicio ajeno que anteponemos al nuestro.

Salvador Euras

FAMILIA

El amor de la familia es la única semilla del amor de la patria y de todas las virtudes sociales.

Funck-Brentano

Todos los pueblos hostiles a la familia han terminado, tarde o temprano, por un empobrecimiento del alma.

Keyerling

¿Qué es una familia sino el más admirable de los gobiernos?

Lacordaire

Los sentimientos y las costumbres que constituyen la felicidad pública, se forman en la familia.

Mirabeu

El que es bueno en familia, es también un buen ciudadano.

Sófocles

Un Estado valdrá más o menos según valga la suma de las familias que lo forman.

Anónimo

FANTASIA

La gente goza de tan poca fantasía que tiene que recoger con ansia unos de otros esos pequeños adornos de la conversación. Son como traperos o colilleros de frases hechas.

Pío Baroja

Cuando no puedo satisfacer a mi razón, me agrada secundar mi fantasía.

Thomas Browne

La mejor amiga y la peor enemiga del hombre es la fantasía.

A. Graf

En todos los grandes hombres de ciencia existe el soplo de la fantasía.

Giovanni Papini

Quien levanta sus ojos de la venda de la fe en nombre de la ciencia, suele permanecer con su conciencia como la nave en medio de los escollos.

Mariano Aguiló

El entendimiento se humilla reconociéndose inferior a la fe, y Dios lo premia transmitiéndole más luz.

Mariano Aguiló

Aquel que tiene fe no está nunca solo.

Carlyle

El hombre que tiene fe ha de estar preparado, no sólo a ser mártir, sino a ser un loco.

Chesterton

Todo lo que he visto me enseña a confiar en el Creador por todo aquello que no he visto.

Emerson

Si la fe no fuera la primera de las virtudes sería siempre el mayor de los consuelos.

Fernán Caballero

Una fe: he aquí lo más necesario al hombre. Desgraciado el que no cree en nada.

Víctor Hugo

Sólo hay una religión verdadera; pero pueden haber muchas especies de fe.

Kant

La fe no es solamente una virtud: es la puerta sacra por la cual pasan todas las virtudes.

Lacordaire

La fe comienza en donde termina el orgullo.

Lamennais

La fe es el término medio entre la ligereza con que alguno precipitadamente cree, y la pertinencia en no creer sino en lo que antes se demuestra por la razón.

Fray Luis de León

La fe que no actúa, ¿puede llamarse sincera?

J. Racine

Es, pues, la fe, la substancia de las cosas que se esperan; la demostración de las cosas que no se ven.

San Pablo

No se vive sin la fe. La fe es el conocimiento del significado de la vida humana. La fe es la fuerza de la vida. Si el hombre vive es porque cree en algo.

Tolstoi

La fe aparece inquebrantable, inconmovible, rectilínea, es hija de la ignorancia o es hija del fingimiento. El que no duda, no cree.

Miguel de Unamuno

Estruja la fe, y al zumo
que le arranques llorarás;
enciéndela, dará humo
que te haga llorar aún más.

Miguel de Unamuno

Es infinitamente más bello dejarse engañar diez veces, que perder una vez la fe en la humanidad.

Heinz Zschokke

La razón que niega la fe, se niega a sí misma por falta de principio en que apoyarse, y de fin a que dirigirse.

Anónimo

FELICIDAD

Cuando la felicidad nos sale al paso, no lleva nunca el ropaje con el cual creíamos encontrarla.

Mme. Amiel-Lapeyre

Si al ser feliz creo serlo,
sufro en mi dichoso estado,
pues me hace desgraciado
sólo el miedo de perderlo.
Y estoy bien sin saberlo,
pues no lo sé, no lo soy;
así mañana como hoy,
ser feliz nunca podré;
pues si lo soy, no lo sé,
y si lo sé, ya no lo soy.

José María Bartrina

La felicidad las más de las veces consiste en saberse engañar.

C. Bini

La felicidad consiste principalmente en conformarse con la suerte; en querer ser lo que uno es.

Erasmo

Esperar una felicidad demasiado grande es un obstáculo para la felicidad.

Fontenelle

Es cierto que los momentos que pasamos esperando la

felicidad, son mucho más agradables y felices que los que son coronados por el goce.

Goldsmith

Tenemos solamente la felicidad que hemos dado.

Eduardo Pailleron

La ciencia de la felicidad consiste en no enfrentarse jamás con alguien que pueda descubrirnos; la ciencia de la felicidad consiste en huir.

Pombo Angulo

La felicidad no consiste en las muchas cosas poseídas, sino en el modo de gozarlas, aunque sean menos.

Fr. Adr. Suárez

El secreto de la felicidad no está en hacer siempre lo que se quiere, sino en querer siempre lo que se hace.

León Tolstoi

Un hombre puede ser feliz con cualquier mujer mientras no la ame.

Oscar Wilde

El dinero, que debería servir para hacer la felicidad de los hombres, muchas veces la deshace.

Anónimo

FORTALEZA

La fortaleza es inseparable del júbilo.

Emerson

La fortaleza va creciendo en proporción a la carga.

Tomás W. Higginson

El elefante no cae por una costilla rota.

Proverbio etíope

La fortaleza se desmorona por el interior.

Proverbio georgiano

Sólo las naturalezas débiles renuncian y olvidan, más las fuertes no se acomodan y desafían en combate hasta el más poderoso destino.

Stefan Zweig

FORTUNA

El origen de todas las grandes fortunas, es la falta de delicadeza.

Jacinto Benavente

La fortuna no sólo es ciega, sino que ofusca y ciega también a sus favorecidos.

Cicerón

Tiene la mentida fortuna muchos quejosos y ningún agradecido.

Gracián

La fortuna que a muchos da demasiado, a ninguno da suficiente.

Marcial

Es necesario seguir los caprichos de la fortuna y corregirla cuando se pueda.

Napoleón

Al que fortuna le viste fortuna le desnuda.

Proverbio árabe

Las espléndidas fortunas, cual acontece con los vientos impetuosos, producen grandes naufragios.

Plutarco

No hay espectáculo más grandioso y sublime para los dioses y los mortales, que el ver al hombre de bien peleando por la fortuna.

Séneca

Jamás viene la fortuna a manos llenas, ni concede una gracia que no haga expiar con un revés.

Shakespeare

Es falso que se haya hecho fortuna, cuando no se sabe disfrutarla.

Vauvenargues

A menudo la fortuna nos hace pagar muy caro lo que creemos nos ha regalado.

Voiture

G

GALANTERIA

La galantería es un juego en el que todo el mundo hace trampas; los hombres se juegan la sinceridad y las mujeres el pudor.

Say

La galantería es fingimiento perpetuo de aquello que sólo es verdad excepcionalmente.

Stendhal

GANANCIA

Toda ganancia gusta y complace; sea cual fuere su origen.

Juvenal

GANAR

Gana lo que puedas y no malgastes lo que ganes. Esta es la piedra que te convertirá el plomo en oro.

Franklin

Siempre gana el que pierde una vana esperanza.

Sentencia italiana

GANDUL

El gandul es un cadáver con apetito.

Anónimo

GASTAR

Si sabes gastar menos de lo que ganas has encontrado la piedra filosofal.

Franklin

No gastes tu dinero antes de ganarlo.

Jefferson

El tesoro que no se gasta aprovecha poco.

Proverbio árabe

GENIO

Hacer con facilidad lo que es difícil para los demás; esto es el ingenio. Hacer lo que es imposible para las personas de ingenio, esto es el ingenio.

Amiel

Todavía no se han levantado las barreras que digan al genio: «De aquí no pasarás».

Beethoven

El genio se compone del dos por ciento de talento y noventa y ocho por ciento de perseverante aplicación.

Beethoven

El genio no necesita de la lógica si es artista o filósofo, ni de la moral si es político o guerrero.

Esteban Calle Irurrino

El genio es el infinito arte de trabajar con paciencia.

Carlyle

Ni aún el genio más grande irá muy allá si tuviera que sacarlo todo de su propio interior.

Goethe

Los genios son los que dicen mucho antes lo que se va a decir mucho después.

Ramón Gómez de la Serna

Ningún genio fue empañado jamás por el aliento de los críticos.

Johnson

El genio es niño y loco y es genio porque tiene el valor de ser infantil y alocado y no puede por menos de parecer a veces ignorante o idiota, que se maravilla de todo y habla sin sentido común.

Giovanni Papini

No reproches al genio sus frecuentes extravíos, sus grandes errores; suponen vastos horizontes y grandes resultados.

Pitágoras

Sólo cuando el genio va del brazo de la ciencia, se pueden esperar los mejores resultados.

Spencer

GENTE

Para conocer a la gente hay que ir a su casa.

Goethe

GIRAR

En un día gira el mundo: la mujer en un segundo.

Alberto Llanas

GLORIA

La gloria es un veneno que hay que tomar a pequeñas dosis.

Honorato de Balzac

La gloria, como el sol, aparece cálida y luminosa a distancia; pero si se acerca es fría como las profundidades de un abismo.

Honorato de Balzac

¿Qué es la gloria del mundo? Sombra que huye, espuma que se deshace, flor que se marchita.

San Bernardo

La gloria de los grandes hombres debe medirse siempre por los medios que han empleado para adquirirla.

La Rochefoucauld

La gloria no es otra cosa que un olvido aplazado.

Santiago Ramón y Cajal

La gloria a menudo no es más que un rumor que nace no se sabe cómo, y persiste no se sabe por qué.

J. Roux

La gloria es como la cocina: no conviene ver las manipulaciones que la preparan.

G. A. de Stassart

GOBERNANTE

No hay pueblo malo para un buen gobernante, como no hay malos ejércitos cuando los generales son buenos.

Napoleón

Un hombre de Estado debe tener el corazón en la cabeza.

Napoleón

Un buen pastor esquila las ovejas, no las devora.

Suetonio

GOBERNAR

Un Estado es gobernado mejor por un hombre bueno que por unas buenas leyes.

Aristóteles

Quien sabe gobernar a una mujer sabe gobernar a un Estado.

Honorato de Balzac

Quien no sabe gobernar es siempre un usurpador.

G. Bini

Muchos han gobernado bien, que por ventura no sabían definir una república.

Thomas Browne

¿Uno que no sepa gobernarse a sí mismo, cómo sabrá gobernar a los demás?

Confucio

Gobernar quiere decir hacer descontentos.

Anatole France

Los hombres gobiernan el mundo, y las mujeres a sus hombres. ¿Qué más quieren?

B. Goltz

Entre el Gobierno que hace el mal y el pueblo que lo consiente, hay cierta solidaridad vergonzosa.

Víctor Hugo

Para gobernar se necesita sin duda de firmeza pero también mucha flexibilidad, mucha paciencia, mucha comprensión.

Lacordaire

Quien gobierna, mal descansa.

Lope de Vega

En último extremo, hay que ser militar para gobernar; sólo con botas y espuelas se puede gobernar un caballo.

Napoleón

Gobernar, es resistir.

Narváez

La ciencia más esencial al que desea gobernar con sabiduría es, hacer a los hombres capaces de ser bien gobernados.

Plutarco

Es más fácil hacer leyes que gobernar.

León Tolstoi

GOBIERNO

El gobierno es bueno cuando hace felices a los que viven bajo él y atrae a los que viven lejos.

Confucio

111

El gobierno no descansa en la fuerza, el gobierno es la fuerza: descansa en el consentimiento, o en una concepción de la justicia.

Chesterton

El mejor gobierno no es aquel que hace a los hombres más felices, sino aquel que hace el mayor número de personas felices.

Duclós

El gobierno no se ha hecho para la comodidad y el placer de los que gobiernan.

Mirabeau

El gobierno peor es el que ejerce la tiranía en nombre de las leyes.

Montesquieu

Para gobernar bien a los hombres hay que saber aprovecharse de sus vicios, más bien que de sus virtudes.

Napoleón

La buena política es hacer creer a los pueblos que son libres; el buen gobierno, hacerlos felices, como quieren serlo.

Napoleón

Interesarse por los intereses de todos, es propio de un Gobierno ordinario; preverlos es signo de un gran Gobierno.

Napoleón

Es absolutamente indispensable que, al salir de una gran revolución, el Gobierno sea duro.

Napoleón

Hay que desplegar más energía en los asuntos administrativos que en la guerra.

Napoleón

Todo el mundo quiere que los gobiernos sean justos,
y nadie lo es con los gobiernos.

Napoleón

Para que un imperio esté bien gobernado es necesario
que el rey y todos los que ejercen autoridad obedezcan
a las leyes como simples individuos.

Pitaco

Siempre será más útil el gobierno para el pueblo que el
gobierno por el pueblo.

José María Tallada

El mejor gobierno es el que se nota menos.

A. de Vigny

No se gobierna con ideas, sino con hombres.

Anónimo

GUERRA

La guerra, así como es madrastra de los cobardes, es
madre de los valientes.

Miguel de Cervantes Saavedra

Si ha de hacerse la guerra, hágase con la única mira de
obtener la paz.

Cicerón

Las guerras largas se terminan siempre con la destruc-
ción e infelicidad de ambos partidos.

Jenofonte

Toda guerra de liberación es sagrada, toda guerra de
opresión es maldita.

Lacordaire

En el derecho público el acto de justicia más severo es

la guerra, porque puede tener por efecto la destrucción de la sociedad.

Montesquieu

Un gesto del general amado vale más que la más hermosa arenga.

Napoleón

En la guerra, como en el amor, para acabar es necesario verse de cerca.

Napoleón

En la guerra, hay que apoyarse en el obstáculo para franquearlo.

Napoleón

Lo que hace perder las batallas es la imaginación.

Napoleón

Hay momentos durante los cuales gastar hombres es economizar sangre.

Napoleón

La guerra es una lotería, en la cual las naciones no deben arriesgar sino pequeñas sumas.

Napoleón

En la guerra, la audacia es el cálculo más hermoso del genio.

Napoleón

La guerra hace temblar en sus cimientos todas las aparentes inconmovilidades.

José Ortega y Gasset

No es el hombre, sino, al contrario, la abundancia, la sobra de energías, quien suscita la guerra.

José Ortega y Gasset

Cuando el Estado adversario está preparado y gobernado y el pueblo está unido, hasta una victoria resulta fuerte.

Proverbio chino

La guerra es de por vida en los hombres, porque es guerra la vida, y vivir y militar es una misma cosa.

Francisco de Quevedo

La guerra es el fruto de la debilidad y necedad de los pueblos.

Romain Rolland

Estar preparados para la guerra es uno de los medios más eficaces para conservar la paz.

George Washington

Mientras la guerra sea considerada como mala, conservará su fascinación. Cuando sea tenida por vulgar, cesará su popularidad.

Oscar Wilde

H

HABIL

El deseo de parecer hábil impide a veces el serlo.

La Rochefoucauld

HABILIDAD

El arte más profundo de un hombre hábil es el de saber ocultar su habilidad.

La Rochefoucauld

HABITO

El hábito convierte los placeres suntuosos en necesidades cotidianas.

A. Huxley

Con sus tendones de hierro nos aprisiona el hábito día tras día.

Lamartine

Todo hábito hace nuestra mano más ingeniosa y nuestro genio más torpe.

Nietzsche

El hábito es al principio ligero como una tela de araña, pero bien pronto se convierte en un sólido cable.

Proverbio hebreo

HABITOS

La vida no es más que un tejido de hábitos.
Amiel

Los hábitos contraídos no se corrigen con hábitos opuestos.
Epicteto

HABLAR

No os apresuréis a hablar porque eso es prueba de insensatez.
Bías

Habla con reposo, pero no de manera que parezca que te escuchas a ti mismo; que toda afectación es mala.
Miguel de Cervantes Saavedra

No hablaríamos tanto en sociedad si nos diéramos cuenta del poco caso que hacemos de los otros cuando hablan.
Noel Clarasó

Un caballero se avergüenza de que sus palabras sean mejores que sus hechos.
Confucio

No hay hombre que si hablase todo lo que piensa, no hablase demasiado.
Feijóo

Los grandes habladores son como los vasos vacíos, que hacen más ruido que los que están llenos.

Foción

El hablar maquinalmente revela temor en la inteligencia.

Angel Ganivet

Nadie hablaría mucho en sociedad si tuviera conciencia de lo frecuentemente que atiende mal a los demás.

Goethe

Solamente en dos ocasiones has de hablar: cuando sepas fijo lo que vas a decir, y cuando no lo puedas excusar. Fuera de estos dos casos, es mejor el silencio que la plática.

Isócrates

Las personas que tienen poco que hacer son por lo común muy habladoras; cuanto más se piensa y obra, menos se habla.

Montesquieu

Por bien que hable la mujer, le está mejor callar.

Plauto

Para saber hablar es preciso saber escuchar.

Plutarco

Es fácil de hablar cuando uno no quiere decir toda la verdad.

Rabindranath Tagore

Si no se hablara nunca de una cosa, sería como si no hubiese sucedido.

Oscar Wilde

El que habla siembra, el que escucha recoge.

HACER

El viejo no puede hacer lo que hace un joven; pero lo que hace es mejor.

Cicerón

He aquí un consejo que una vez oí dar a un joven: «Haz siempre lo que temas hacer».

Emerson

No emplees a otro en lo que tú mismo puedas hacer.

Jefferson

Es mucho más fácil imaginar que mañana haremos tal o cual cosa, que realizarla resueltamente hoy mismo.

O. S. Marden

Su divisa era ésta: todo lo que merece ser hecho, merece también ser bien hecho.

André Maurois

Sólo es justo que se alabe
más que aquel que mucho sabe,
al que mucho supo hacer.

Miguel Moreno

Siempre es más fácil dejar de hacer que hacer.

José Ortega y Gasset

No siempre está en nuestro poder hacer grandes cosas;

contentaos con las pequeñas que os ofrecen a cada paso, pero hacerlas con fervor y con amor.

San Francisco de Sales

Dormido o no, hambriento o no, cansado o no, siempre se puede hacer algo cuando se sabe que no queda más remedio que hacerlo.

George Bernard Shaw

Haz siempre una sola cosa a la vez.

Fr. Adr. Suárez

No sabré hacerlo, no ha producido jamás buen resultado.
Probaré de hacerlo, ha obrado casi siempre maravillosamente.
Lo haré, ha conseguido milagros.

Anónimo

HECHOS

Máxima admirable: no hablar de las cosas hasta después de que estén hechas.

Montesquieu

El hábito de los hechos, aún los más violentos, desgasta menos el corazón que las abstracciones; los militares valen más que los abogados.

Napoleón

Los hechos son como los sacos; si están vacíos no pueden tenerse en pie.

Luigi Pirandello

HERENCIA

La herencia en la nobleza anula la emulación en los nobles y en los burgueses.

Napoleón

No se puede exigir de la nieve más que agua.

Proverbio polaco

HERIDAS

Las heridas más crueles que recibimos son infligidas por aquellos qua amamos más y de quienes más somos amados.

Maurice Bering

La herida no se cicatriza sobre una espina.

Proverbio africano

HERMANO

Cuando los hermanos trabajan juntos, las montañas se convierten en oro.

Proverbio chino

HERMOSURA

La hermosura es una tiranía de corta duración.

Sócrates

HEROE

El ambicioso busca la gloria

presente y retribuida
y el héroe da su vida
para un recuerdo en la historia.

Mariano Aguiló

El mártir es el que muere por una causa y se sacrifica por ella. El héroe no sólo puede no morir, sino que hasta puede sacrificar a los demás.

Pío Baroja

El héroe no sirve, ni por la gloria ni por el dinero, sino por el honor de servir.

André Maurois

El héroe antiguo era el que afrontaba la muerte; el héroe moderno es el que acepta la vida.

A. Soffici

HEROISMO

La temeridad cambia de nombre cuando obtiene un buen éxito; entonces pasa por heroísmo.

Mabire

En muchos casos encontramos móviles nobles y heroicos para actos que hemos cometido sin saber o sin querer.

André Maurois

HIEL

Poca hiel corrompe mucha miel.

Proverbio persa

HIJOS

Se podrían engendrar hijos bien educados, si los padres fuesen educados.

Goethe

Los hijos se convierten para los padres, según la educación que reciben, en una recompensa o en un castigo.

Petit-Senn

La preferencia que los padres sienten por los hijos pequeños resulta de las decepciones que les han causado los mayores.

Proverbio japonés

Sólo cuando meditamos lo que nos cuestan los hijos, empezamos a darnos cuenta de la deuda que tenemos contraída con nuestros padres.

Anónimo

HISTORIA

La historia es siempre una fantasía sin base científica, y cuando se pretende levantar un tinglado invulnerable y colocar sobre él una consecuencia, se corre el peligro de que un dato cambie y se venga abajo toda la armazón histórica.

Pío Baroja

La historia tiene ya el número de páginas suficientes para enseñarnos dos cosas: que jamás los poderosos coincidieron con los mejores, y que jamás la política (contra todas las apariencias) fue tejida por los políticos (meros canalizadores de la inercia histórica).

Camilo José Cela

Es la historia la madre de la verdad, émula del tiempo,

depósito de las acciones, testigo de lo pasado, ejemplo y aviso de lo presente, advertencia de lo porvenir.

Miguel de Cervantes Saavedra

La historia es el testimonio de los tiempos, luz de verdad, vida de la memoria, maestra de la vida, anunciadora de lo porvenir.

Cicerón

Uno de los extremos más necesarios y olvidados en relación con esa novela llamada *Historia,* es el hecho de que no está acabada.

Chesterton

La historia no es una ciencia, es un arte. En sus aciertos interviene siempre la imaginación.

Anatole France

La historia es el cauce que el río de la vida abre a sí mismo.

Hebbel

El hombre es el que hace la historia; la mujer tiene la misión de hacer al hombre, padre de la historia.

Gregorio Marañón

La historia universal es el tribunal del mundo.

Schiller

Dicen que la historia se repite. Pero lo cierto es que sus lecciones no se aprovechan.

C. Sée

Por desgracia, no es siempre la historia, como nos la cuentan, historia del valor humano; es también historia de la cobardía humana.

Stefan Zweig

Si examinamos detenidamente la historia sabremos ser indulgentes con el mundo contemporáneo.

Anónimo

HOMBRE

El hombre se agita y Dios lo conduce.

Bossuet

El más elevado tipo de hombre es el que obra antes de hablar, y profesa lo que practica.

Confucio

El hombre se cree siempre ser más de lo que es, y se estima en menos de lo que vale.

Goethe

Los más de los hombres emplean la primera parte de su vida en hacer la otra parte miserable.

La Bruyère

El hombre es un dios caído que se acuerda de los cielos.

Lamartine

El hombre es un bloque rebelde al Escultor supremo.

P. Miguel Melendres

El hombre justo no es el que no comete ninguna injusticia, sino el que pudiendo ser injusto no quiere serlo.

Menandro

Los hombres alardean de ser aún más malos de lo que realmente son.

Montaigne

El hombre superior es impasible; le alaban, le censuran: sigue impertérrito su camino.

Napoleón

El hombre es siempre juez del hombre, cuando no es su enemigo. Ante el hombre que más nos estime, nos mantenemos siempre sobre aviso e inquietos, no sea que se descubra en nosotros algo nuevo, destructor de su estimación.

José Ortega y Gasset

El hombre es mortal por sus temores e inmortal por sus deseos.

Pitágoras

Si queréis conocer a un hombre, revestidle de un gran poder.

Pitaco

El hombre es tan sólo una luminaria en medio de la tempestad, pero esa luminaria no se apaga y ella lo es todo.

Henri Poincaré

Me moriré de viejo y no acabaré de comprender al animal bípedo que llaman hombre, cada individuo es una variedad de su especie.

Miguel de Cervantes Saavedra

La naturaleza ha preparado mejor a las mujeres para ser madres y esposas, que a los hombres para ser padres y maridos. Los hombres tienen que improvisar.

Profesor Theodor Reik

En el hombre no has de ver
la hermosura o gentileza;
su hermosura es la nobleza
su gentileza es saber.
Lo visible es el tesoro

de mozas faltas de seso,
y las más veces por eso
topan con un asno de oro.

Ruiz de Alarcón

El hombre es el único ser sensible que se destruye a sí mismo en estado de libertad.

Saint-Pierre

El hombre no se revela en su historia, sino que lucha a través de ella.

Rabindranath Tagore

Este es el hombre corriente,
el del sentido común,
el de conforme y según,
a quien lleva la corriente
que se arrastra en lecho llano,
hombre del término medio
sin esquinas; ¿qué remedio?
nada más que un hombre sano.

Miguel de Unamuno

El hombre es un querer, un poder y un conocer que tiene hacia el infinito.

Vico

Un hombre no es solamente lo que está comprendido entre pies y cabeza.

Walt Whitman

Cuando un hombre se levanta sobre todos los hombres de su época, van tras él los espíritus mezquinos, como suben tras el sol del universo los vapores de la tierra misma que ilumina, a empañar su brillantez.

Anónimo

Ese hombre es hombre si puede decir «Soy»; no es hombre el que sólo dice: «Mi padre era».

Proverbio árabe

HUMILDAD

La vida es una larga lección de humildad.

J. M. Barrie

Falsa humildad equivale a orgullo.

Pascal

Aunque seas el más alto, ten humildad.

San Isidoro

Cuanto más grandes somos en humildad, tanto más cerca estamos de la grandeza.

Rabindranath Tagore

I

ICONOCLASTAS

Los iconoclastas hicieron muchas más estatuas que las que destruyeron.

Chesterton

IDEA

Hay, innegablemente, hombres capaces de vivir y morir por una idea; pero, por lo regular, no son por cierto los que la conciben.

Eleonora Duse

Quien una idea no entiende
la contradice u objeta
pero aquel que la comprenda
la completa.

Salvador Euras

Por un anillo de oro a la idea, y la harás tuya.

Ramón Gómez de la Serna

En tanto que haya alguien que crea en una idea, la idea vive.

José Ortega y Gasset

El valor de una idea no tiene nada que ver con la sinceridad del hombre que la expresa.

Oscar Wilde

Las ideas no duran mucho. Hay que hacer algo con ellas.

Anónimo

IDEAL

El hombre puede llegar hasta las más altas cumbres, pero no puede vivir allí mucho tiempo.

George Bernard Shaw

El ideal está en ti; el obstáculo, para su cumplimiento está también en ti.

Carlyle

No hay ningún ideal nuevo imaginable por la locura de los modernos sofistas que sea tan sensacional como el cumplimiento de un ideal viejo. El día que una máxima de cartapacio sea llevada a la práctica, habrá suerte de terremoto en todas las naciones.

Chesterton

Amiel ignoraba que la mujer ideal no se encuentra, en estado de perfección, casi nunca, porque no es sólo obra del azar, sino, en gran parte, obra de la propia creación. En este error estriba la esterilidad de los espíritus que trasponen la frontera del tipo medio de la diferenciación y aspiran a ideales perfectos.

Gregorio Marañón

Necesitamos, para vivir con plenitud, un algo encantador y perfecto que llene exactamente el hueco de nuestro corazón.

Anónimo

IDEALES

Los ideales una vez formados, produce la pereza en el cerebro.

Rabindranath Tagore

IDEALISMO

En la base de todo idealismo existe una morbosa impotencia para creer lo que es, para ver lo que se hace, para vivir lo que se ofrece.

Anónimo

IDEALISTAS

No hay cínicos, no hay materialistas. Todo hombre es un idealista, sólo que sucede con demasiada frecuencia que tiene un ideal equivocado.

Chesterton

No hay idealista que no tenga un residuo positivo.

Napoleón

IDEAS

Las ideas morales están en nuestro espíritu; en la voluntad que las ama, en el corazón que las siente.

Jaime Balmes

De muchas ideas nuestras no nos habríamos enterado jamás, si no hubiésemos sostenido largas conversaciones con los otros.

Noel Clarasó

Las que conducen y arrastran al mundo no son las máquinas, sino las ideas.

Víctor Hugo

Las ideas son como las mujeres. Alimentar diez cuesta menos que vestir una sola.

P. Masson

Tener ideas es ser el amo
hacerse ideas es ser esclavo;
quien tiene ideas
se sirve de ellas.

Nietzsche

Las ideas están exentas de impuestos.

Proverbio alemán

Las ideas son capitales que sólo ganan intereses entre las manos del talento.

Rivarol

IDIOMAS

Un hombre vale por tantos hombres como idiomas posee.

Goethe

IGLESIA

La Iglesia es un yunque que ha gastado todos los martillos.

T. Beza

IGNORANCIA

La ignorancia de las ancianas es tan profunda que toca los secretos de la vida; la de los pastores es tan alta que tiene la cabeza en las estrellas.

Abel Bonnard

Nada hay tan común en el mundo como la ignorancia y los charlatanes.

Cleóbulo

El primer paso de la ignorancia es presumir de saber, y muchos sabrían si no pensasen que saben.

Gracián

...que el errar con advertencia
tanto por mejor ganancia
y una fiel ignorancia
que una temeraria ciencia.

Lope de Vega

No hay nada más fecundo que la ignorancia consciente de sí misma.

José Ortega y Gasset

Aconseja al ignorante, te tomará por su enemigo.

Proverbio árabe

La ignorancia envejece como el búfalo, su grasa crece, más no su sabiduría.

Proverbio sánscrito

La ignorancia vacila entre la extrema audacia y la extrema timidez.

Paul Valéry

ILUSION

Los pueblos se pasan más fácilmente sin pan que sin ilusiones. Subyugados por estos seductores fantasmas, olvidan sus más caros intereses.

Gustavo Le Bon

Una ilusión eterna, o que por lo menos renace a menudo en el alma humana, está muy cerca de la realidad.

André Maurois

Todo es ilusión, hasta la muerte misma, que es la ilusión por excelencia, la última ilusión de la vida, como el horizonte sensible es la última ilusión de la vista.

Amado Nervo

El que ve el cielo en el agua ve los peces en los árboles.

Proverbio chino

Para que la dicha sea completa siempre se necesita un poco de ilusión.

Thomás

IMAGINACION

La imaginación es una especie de complemento de los sentidos, pues sólo representa lo que nos han transmitido alguna vez.

Jaime Balmes

La imaginación nos gasta y nos consume a los hombres más que la vida. La imaginación es mala cabalgadura para un hombre sensato; nos hace tristes, descontentos y románticos.

Pío Baroja

Nuestras imaginaciones suelen comúnmente engañarnos, no permitiéndonos ver que no siempre es lo más verdadero lo que parece más verosímil.

Padre Isla

El que tiene imaginación sin erudicción es como el que tiene alas y carece de pies.

J. Joubert

La imaginación imagina de noche aquello que no se halla de día.

Ramón Llull

El que tiene imaginación y no se educa, tiene alas, pero no tiene pies.

Montesquieu

La imaginación, volcán de deseos, madre de espejismos...

E. Tardieu

En todas las cosas, pero muchísimo más en el amor, la imaginación traspasa los límites de la realidad.

Anónimo

IMITACION

Hay gente que tiene en el lenguaje costumbre de loro y en la vida costumbres de mono. Sólo dicen lo que han oído a otros y sólo hacen lo que han visto hacer.

Maurice Baring

La imitación es la más sincera forma de adulación.

C. C. Colton

No te contentes con hablar a las gentes de bien; imítalas.

Isócrates

La gallina pone donde ve un huevo...

Proverbio alemán

IMPARCIALIDAD

Puedo comprometerme hasta ser sincero; pero no me exijáis que me comprometa a ser imparcial.

Goethe

IMPERTINENCIA

Lo impertinente de la impertinencia consiste no en que alguien nos diga palabras enojosas, sino en que éstas sirvan al impertinente como medio de demostrarnos que no existimos para él. La impertinencia es el desdén perfecto, el desdén que anonada al desdeñado y le suprime del mundo de las realidades.

José Ortega y Gasset

IMPORTANCIA

La importancia sin mérito obtiene un respeto sin estima.

Chamfort

INGRATITUD

Lo peor de la ingratitud es que siempre quiere tener razón.

Jacinto Benavente

La ingratitud es hija de la soberbia.

Miguel de Cervantes Saavedra

La ingratitud no descorazona a la verdadera caridad, pero sirve de pretexto al egoísmo.

Duc de Lewis

Los hombres suelen, si reciben un mal, escribirlo sobre el mármol; si un bien, en el polvo.

Thomas Moores

No tires piedras en el manantial donde has bebido.

Proverbio araneo

Hay tres clases de ingratos: los que se callan el favor, los que lo cobran y los que lo vengan.

Santiago Ramón y Cajal

INJURIA

La injuria siempre no da en el blanco que busca herir; pero siempre ennegrece la boca del que la ha proferido.

Mariano Aguiló

Es más glorioso y honorable huir de una injuria callando, que vencerla respondiendo.

San Gregorio

Contestar injuria con injuria es lavar el barro con el barro.

Juan Luis Vives

J

JABON

El jabón es la medida del bienestar y de la civilización de los Estados.

Justus von Liebig

JACTANCIA

El que se pone de puntillas no puede sostenerse derecho.

Proverbio chino

Los mejores pilotos están en tierra.

Proverbio holandés

Muchos regresan de la guerra que no pueden describir la batalla.

Proverbio italiano

JEFE

Un jefe no puede tener más que una pasión: la de su obra y la de su oficio. Debe mostrarse reservado e incluso rodeado de misterio. No es malo que tenga leyenda. No le vituperaría si, por su parte, vigilase el desarrollo de esta leyenda. El personaje manda y gobierna tanto como la persona real.

André Maurois

Sólo se deja guiar un pueblo cuando se le enseña un porvenir; un jefe es un comerciante de esperanzas.

Napoleón

Cuando tres personas marchan juntas, tiene que haber una que mande.

Proverbio manchú

Sigue la senda, aunque dé rodeos; sigue el jefe, aunque sea viejo.

Proverbio targui

JERARQUIA

Una sociedad sin jerarquía es una casa sin escalera.

Alphonse Daudet

JUBILO

El semblante jubiloso hace de toda comida un festín.

Massinger

JUEGO

El juego nos gusta porque halaga nuestra avaricia, es decir, la esperanza de poseer más.

Montesquieu

El juego es altamente moral. Sirve para arruinar a los idiotas.

Santiago Rusinyol

Los juegos de los niños no son juegos, sino que hay que juzgarlos por sus acciones más serias.

Montaigne

JUEZ

El amor o el odio hacen que el juez no conozca la verdad.

Aristóteles

El juez debe tener en la mano el libro de la ley y el entendimiento en el corazón.

Bacon

No es mejor la fama del juez riguroso que la del compasivo.

Miguel de Cervantes Saavedra

Cuando hayas de sentenciar procura olvidar a los litigantes y acordarte sólo de la causa.

Epicteto

JUGADOR

Si el jugador ganara siempre, ya no llamarían vicio al juego.

Santiago Rusinyol

JUGAR

Las mujeres juegan con su belleza como los niños con un cuchillo, y se lastiman.

Víctor Hugo

JUICIO

El juicio no es más que la grandeza de las luces del espíritu.

La Rochefoucauld

JURAMENTO

Los juramentos de las mujeres quedan grabados en el aliento del aire y en la superficie de las ondas.

Cátulo

Un mentiroso siempre es pródigo en juramentos.

Corneille

Si no puedes, no jures; si no tienes otro remedio, hazlo, pero cuando las circunstancias lo exijan imperiosamente.

Epicteto

Escribir los juramentos sobre las cenizas.

Filónido

El mejor método para cumplir con la palabra empeñada es no darla jamás.

Napoleón

JUSTICIA

El sentido jurídico de los individuos y las colectividades no tanto se revela por el ardimiento y la eficacia en la defensa del derecho propio como por el respeto escrupuloso al de los demás.

Aforismo jurídico

No está la justicia en las palabras de la ley.

Alonso de la Torre

A veces damos el nombre de favor a la justicia, y creemos de muy buena fe que fuimos generosos cuando no hemos sido más que justos.

Concepción Arenal

Cuando el amor no sienta a la justica en su trono, el odio la sustituye con la venganza, porque en el trono de la justicia no puede haber vacío.

Jacinto Benavente

La justicia es gratuita; lo que cuesta son los medios de llegar a ella.

Eugenio Brieux

Si acaso doblares la vara de la justicia, no sea con el peso de la dádiva, sino con el de la misericordia.

Miguel de Cervantes Saavedra

El que seduce a un juez con el prestigio de su elocuencia, es más culpable que el que le corrompe con dinero.

Cicerón

Sé justo antes de ser generoso; sé humano antes de ser justo.

Fernán Caballero

De todas las virtudes, la más difícil y rara es la justicia. Por cada justo se encuentran diez generosos.

Franz Grillparzer

Para ser imparcial hay que tener muchos doblones en el bolsillo.

Príncipe de Ligne

Sin piedad là justicia se torna en crueldad. Y la piedad, sin justicia, es debilidad.

Metastasio

Lo que consideramos como justicia es con mucha frecuencia una injusticia cometida en favor nuestro.

Reveillere

Cuando un hombre pide justicia es que quiere que le den la razón.

Santiago Rusinyol

Donde no hay justicia no hay libertad y donde no hay libertad, no hay justicia.

Senne

El poder terrestre que más se aproxima a Dios, es la justicia templada por la clemencia.

Shakespeare

La absolución del culpable es la condena del juez.

Publio Siro

JUSTO

Es bastante más fácil ser caritativo que justo.

A. Graf

Ser bueno es fácil; lo difícil es ser justo.

Víctor Hugo

El hombre justo no es el que no comete ninguna injusticia, sino el que, pudiendo ser injusto, no quiere serlo.

Menandro

JUVENTUD

De mis disparates de juventud, lo que me da más pena no es el haberlos cometido, sino el no poder volver a cometerlos.

Pierre Benoit

Los jóvenes son como las plantas: por los primeros frutos se ve lo que podemos esperar para el porvenir.

Demócrates

Los jóvenes de una nación son los depositarios de la posteridad.

Disraeli

La juventud quiere mejor ser estimulada que instruida.

Goethe

La iniciativa de la juventud vale lo que la experiencia de los viejos.

Mme. de Knorr

Toda hora perdida en la juventud es una probabilidad de desgracia para el porvenir.

Napoleón

Individual o colectiva la juventud *necesita* creerse, a priori, superior. Claro que se equivoca, pero éste es precisamente el gran derecho de la juventud; tiene derecho a equivocarse impunemente.

José Ortega y Gasset

Los viejos desconfían de la juventud porque han sido jóvenes.

Shakespeare

JUZGAR

Somos demasiado inexorables al juzgar a los demás cuando nos creemos sin culpa; sólo el pecador debiera juzgar a los pecadores.

Jacinto Benavente

Nadie puede justamente censurar o condenar a otro, porque verdaderamente nadie conoce perfectamente a otro.

Thomas Browne

Un hombre que juzga a otro hombre es un espectáculo que me haría estallar de risa, si no me hiciese piedad.

G. Flaubert

No juzguéis a los demás, si no queréis ser juzgados.

Jesucristo

Solo después de muerto se puede juzgar a un hombre.

Napoleón

Antes de juzgar al prójimo, pongámosle a él en nuestro lugar, y a nosotros en el suyo; y a buen seguro que será entonces cuando nuestro juicio sea recto y equitativo.

San Francisco de Sales

L

LABOR

Morirá sin cumplir su labor quien espere que se la señalen.

Lowell

LABORIOSIDAD

El hambre pasa por delante de la casa del hombre laborioso, pero no se atreve a entrar en ella.

Franklin

La laboriosidad forma las nueve décimas partes del ingenio.

Goethe

LADRON

Ten compasión del ladrón. Quizás el bien que te quita sólo lo usa en su daño.

Constancio C. Vigil

LAGRIMA

Después de la propia sangre, lo mejor que un hombre puede dar es una lágrima.

Lamartine

Una lágrima dice más que cualquier palabra. La lágrima tiene un gran valor: es la hermana de la sonrisa.

A. de Musset

LAGRIMAS

Es peligroso entregarse a la voluptuosidad de las lágrimas, porque quita el valor y hasta la voluntad de curarse.

Amiel

Nada se seca más deprisa que una lágrima.

Apolonio de Rodas

Cada lágrima enseña a los mortales una verdad.

Ugo Fóscolo

No sé yo que haya en el mundo palabras tan eficaces ni oradores tan elocuentes como las lágrimas.

Lope de Vega

A veces no nos dan a escoger entre las lágrimas y la risa, sino sólo entre las lágrimas, y entonces hay que saberse decidir por las más hermosas.

Maeterlinck

Las lágrimas, ¡oh esposas!, son inútiles a menos que el marido esté presente para verlas derramar.

Hilda Owlsley

Se secan las lágrimas, mezclándolas.

F. *Pananti*

Lágrimas de inocentes pacientes, más peligrosas que un diluvio.

Antonio Pérez

Las lágrimas derramadas son amargas, pero más amargas son las que no se derraman.

Proverbio irlandés

Las lágrimas son la sangre del alma.

San Agustín

Las lágrimas de la tierra son las que hacen de sus sonrisas capullos.

Rabindranath Tagore

LAMENTARSE

Nunca debe el hombre lamentarse de los tiempos en que vive, pues esto no le servirá de nada. En cambio, en su poder está siempre mejorarlos.

Carlyle

El sabio no se sienta para lamentarse, sino que se pone alegremente a su tarea de reparar el daño hecho.

Shakespeare

Los que más se lamentan son los que sufren menos.

Tácito

LAMENTO

La exageración en los lamentos es un presagio de pronto olvido.

Anónimo

LANZA

Nunca la lanza embotó la pluma, ni la pluma la lanza.

Miguel de Cervantes Saavedra

LECTURA

Cuando oigo decir que un hombre tiene el hábito de la lectura, estoy predispuesto a pensar bien de él.

Nicolás Avellaneda

En la lectura debe cuidarse de dos cosas: escoger bien los libros y leerlos bien.

Jaime Balmes

La lectura es el viaje de los que no pueden tomar el tren.

F. de Croisset

La lectura es una conversación con los hombres más ilustres de los siglos pasados.

Descartes

Los que saben ocuparse en cualquier lectura útil y agradable, jamás sienten el tedio que devora a los demás hombres en medio de las delicias.

Fenelón

En cierta manera, debe hacerse la lectura con la finalidad de tomar notas.

Guyot-Daubes

La lectura de un buen libro es un diálogo incesante, en que el libro habla, y el alma contesta.

André Maurois

Cuando era joven leía casi siempre para aprender; hoy, a veces, leo para olvidar.

Giovanni Papini

LEER

Leemos, no para contradecir e impugnar, ni para creer y aceptar, sino para pensar y considerar.

Bacon

Se ha de leer mucho, pero no muchos libros, ésta es una regla excelente. La lectura es como el alimento: el provecho no está en proporción de lo que se come, sino de lo que se digiere.

Jaime Balmes

Cuando se hace uno viejo le gusta más releer que leer.

Pío Baroja

El que sabe leer sabe ya la más difícil de las artes.

Duclós

Leemos mal el mundo, y después decimos que nos engaña.

Rabindranath Tagore

Leer y entender, es algo; leer y sentir, es mucho; leer y pensar es cuanto puede desearse.

Anónimo

LEGADO

Solamente dos legados duraderos podemos aspirar a dejar a nuestros hijos: uno, raíces; el otro, alas.

Hodding Carter

LEMA

Yo tengo como lema de oro no atacar nunca al que no se puede defender, ni alabar al que no puedo criticar.

Tomás Salvador

LENGUA

La lengua es lo mejor y peor que poseen los hombres.

Anacarsis

La lengua es un hecho biológico, pero también es un hecho de carácter evolutorio y un factor de civilización.

Pompeu Fabra

La lengua, tal como se habla, sólo está adaptada a un plano del ser que, por otra parte, es muy superficial.

Keyserling

Las heridas de la lengua son más peligrosas que las del sable.

Proverbio árabe

La lengua de las mujeres es su espada, y por cierto que nunca la dejan enmohecerse.

Proverbio inglés

Las lenguas, como las religiones, viven de herejías.

Miguel de Unamuno

LENGUAJE

Emplea el lenguaje que quieras y nunca podrás expresar sino lo que eres.

Emerson

Los límites de mi lenguaje significan los límites de mi propio mundo.

Wittgenstein

LETRAS

Las personas vanas e indolentes afectan despreciar las letras; los hombres sencillos las admiran sin tocarlas y los sabios las usan y las honran.

Bacon

Letras sin virtud son perlas en el muladar.

Miguel de Cervantes Saavedra

Las letras son el alimento de la juventud y el recreo de la vejez.

Cicerón

Las letras son la esperanza para entrar en la vida pública y el reposo cuando se sale de ella.

Chateaubriand

LEVANTARSE

El hombre que se levanta aún es más grande que el que no ha caído.

Concepción Arenal

Nuestra mejor gloria no está en no haber caído nunca sino en levantarnos cada vez que caemos.

Goldsmith

Las malas leyes hallarán siempre, y contribuirán a formar, hombres peores que ellas, encargados de ejecutarlas.

Concepción Arenal

Puede decirse, en general, que hay leyes que combaten el delito: las que son justas; las que cooperan al delito: las que son injustas.

Concepción Arenal

La ley debe ser ciegamente respetada y libremente discutida.

Gumersindo de Azcárate

El fin de la ley es obtener la mayor ventaja posible para el mayor número posible.

Bentham

Las leyes, como las casas, se apoyan unas en otras.

Burke

El que recurre a la ley agarra el lobo por las orejas.

Burton

Ninguna ley es igualmente cómoda para todos.

Catón

La obra entera de la ley no es más que un mecanismo en favor de Abogados y Magistrados.

César Lombroso

Inicua es la ley que a todos igual no es.

Rojas

La ley, como la cortesía, son finos artificios de muelles

interpuestos entre los hombres con el fin de intentar que la convivencia consista un poco en otra cosa que en morderse la nuez los unos a los otros.

Anónimo

LEYES

No pudiendo cambiar los hombres, se cambian sin tregua las instrucciones.

L. Arreat

Seamos esclavos de las leyes para poder ser libres.

Cicerón

En tiempos de corrupción es cuando más leyes se dan.

Condillac

Con tanto ardor deben pelear los ciudadanos por la defensa de las leyes, como por la de sus murallas, no siendo menos necesarias aquéllas que éstas para la conservación de la ciudad.

Heráclito

Todas las leyes que se dictan tienen por base la desconfianza; ninguna descansa en la virtud de los ciudadanos.

Laboulaye

No todo lo que es permitido por la ley es siempre honesto en moral.

Lacretelle

Las leyes inútiles debilitan las necesarias.

Montesquieu

Hay tantas leyes, que nadie está seguro de no ser colgado.

Napoleón

Mejor se gobierna la república que tiene leyes fijas, aunque sean imperfectas, que aquélla que las muda frecuentemente.

Saavedra Fajardo

Para que dure un imperio, es menester que el magistrado obedezca las leyes, y el pueblo a los magistrados.

Solón

En todas partes los más fuertes han hecho las leyes y han oprimido a los débiles.

Turgot

El buen ciudadano debe seguir aún las leyes malas, para no estimular al mal ciudadano a violar las buenas.

Sócrates

Las leyes deben ser severas y los hombres indulgentes.

Vauvenargues

El destino de las leyes no es menos el de socorrer a los ciudadanos que el de amedrentarles.

Voltaire

LIBERTAD

Cuesta mucho que la libertad vuelva a la franca unidad del instinto.

Amiel

La mayor parte de las libertades que se dan al pobre

son como manjares que no pued: tocar, cosa que al parecer no advierten los que en su obsequio preparan el festín.

Concepción Arenal

Sin orden no hay obediencia a las leyes, y sin obediencia a las leyes no hay libertad, porque la verdadera libertad consiste en ser esclavo de la ley.

Jaime Balmes

La libertad del entendimiento consiste en ser esclavo de la verdad y la libertad de la voluntad en ser esclavo de la virtud.

Jaime Balmes

Una dulce y triunfante libertad se apodera de aquellos que saben que van a morir pronto.

Vicki Baum

La libertad supone responsabilidad. Por eso la mayor parte de los hombres la temen tanto.

George Bernard Shaw

La verdadera libertad del hombre consiste en que halle el camino recto y en que ande por él sin vacilaciones.

Carlyle

La libertad es el instrumento que puso Dios en manos del hombre para que realizase su destino.

Emilio Castelar

Por la libertad, así como por la honra, se puede y se debe aventurar la vida.

Miguel de Cervantes Saavedra

...siendo la libertad la cosa más amada, no sólo de la

gente de razón, más aún de los animales que carecen de ella.

Miguel de Cervantes Saavedra

En el mundo moderno, la libertad es lo contrario de la realidad; pero sin embargo es su ideal.

Chesterton

Para alcanzar la libertad solo hay un camino: el desprecio de las cosas que no dependen de nosotros.

Epicteto

La libertad, como toda potencia acumulada, vale en atención a sus consecuencias posibles.

Guyau

La libertad es un conjunto de pequeñas restricciones.

Peter Hille

La libertad es, en la filosofía, la razón; en el arte, la inspiración; en la política, el derecho.

Víctor Hugo

La libertad no precede al deber, sino que es una consecuencia de él.

Kant

La libertad y la ley sólo se mantienen en un equilibrio saludable cuando la libertad decide desde adentro limitarse a sí misma por la ley.

Keyserling

La libertad es el derecho a hacer lo que no perjudique a los demás.

Lacordaire

La libertad no es un fin; es un medio para desarrollar nuestras fuerzas.

Mazzini

Existe un idealismo dispuesto a matar la libertad de los demás con objeto de encontrar la libertad de su propio plan.

Rabindranath Tagore

La libertad es el derecho de escoger a las personas que tendrán la obligación de limitárnosla.

Harry S. Truman

La libertad es un bien común y cuando no participen todos de ella, no serán libres los que se crean tales.

Miguel de Unamuno

La libertad no consiste en hacer lo que se quiere; sino en hacer lo que se debe.

Anónimo

LL

LLAMA

Agradece a la llama su luz, pero no olvides el pie del candil que constante y paciente la sostiene en la sombra.

Rabindranath Tagore

LLANTO

El llanto es tan saludable como el sudor y más poético. Hay que aplicarlo siempre que sea posible, como la medicina antigua aplicaba la sangría.

Alejandro Casona

No rías nunca de las lágrimas de un niño. Todos los dolores son iguales.

Leberghe

El llanto del heredero es una risa disfrazada.

Publio Siro

LLEVARSE

Nada hay tan fácil como llevarse bien con una persona a la cual no se ve sólo de mes en mes.

Stendhal

LLORAR

Repara uno sus faltas cuando llora.

Bossuet

El hombre llora; he aquí un bello privilegio.

Delille

La mayoría de las mujeres no lloran tanto a la muerte de sus amantes por haberlos queridos como por parecer más dignas de ser amadas.

La Rochefoucauld

Es simpleza o necedad llorar por lo que con llorar no se puede remediar.

Rojas

No hay mayor causa para llorar que no poder llorar.

Séneca

Si lloras por haber perdido el sol, las lágrimas no te dejarán ver las estrellas.

Rabindranath Tagore

LLUVIA

Las gotas de lluvia besan la tierra murmurándole: «Somos tus pequeños que te añoramos madre, y volvemos a ti desde el cielo».

Rabindranath Tagore

M

MADRE

Jamás en la vida encontraréis ternura mejor, más profunda, más desinteresada ni verdadera que la de vuestra madre.

Honorato de Balzac

Muchas maravillas hay en el universo; pero la obra maestra de la creación es el corazón materno.

Bersot

El hombre es estimable cuando es hombre. La mujer es estimada cuando es madre.

R. Boleda

Sólo una madre sabe lo que quiere decir amar y ser feliz.

Adalberto von Chamisso

Una madre persona siempre; ha venido al mundo para esto.

Alejandro Dumas (padre)

Contemplando el mundo se puede dudar de la mujer; pero ya no es posible dudar más mirando la propia madre.

Lacordaire

Todo lo que soy o espero ser se lo debo a la angelical solicitud de mi madre.

Lincoln

El corazón de una madre es el único capital del sentimiento que nunca quiebra, y con el cual se puede contar siempre y en todo tiempo con toda seguridad.

Montegazza

Para el hombre que tuvo una buena madre son sagradas todas las mujeres.

J. P. Richter

Madres, en vuestras manos tenéis la salvación del mundo.

León Tolstoi

Delante de una mujer nunca olvides a tu madre.

Constancio C. Vigil

MAESTRIA

Se ha llegado a la maestría cuando no se yerra ni vacila en la ejecución.

Nietzsche

MAESTRO

Miserable cosa es pensar ser maestro el que nunca fue discípulo.

Rojas

Deber es del maestro en una disciplina cualquiera inspirar afición a ella en sus discípulos, hacerles amar su estudio.

Miguel de Unamuno

MAGISTRADO

Un magistrado inicuo, vendido al favor y que se deja
seducir de la importunidad, del crédito, de la riqueza o de
la autoridad, es un monstruo en el orden social, es un
verdugo.

Barón de Holbach

La magistratura sólo es honrosa y respetable cuando
fiel a sus deberes, cumple noblemente con sus augustas
funciones.

Barón de Holbach

MAGNANIMIDAD

Quien teme con exceso el engaño no puede ser mag-
nánimo.

Amiel

La magnanimidad todo lo desprecia para conseguirlo
todo.

La Rochefoucauld

MAGNIFICENCIA

La magnificencia prestada es miseria.

Chateabriand

MAL

Hacer mal por voluntad es peor que hacerlo por fuerza.

Aristóteles

El mal que hacemos es siempre más triste que el mal
que nos hacen.

Jacinto Benavente

El pesimista sabe revelarse contra el mal; sólo el optimista sabe extrañarse del mal.

Chesterton

No hagáis mal a nadie, ya sea perjudicándole, o ya omitiendo el hacer el bien a que os obliga vuestro deber.

Franklin

El mal que cada uno lleva en sí, lo castiga duramente en los demás.

Hippel

El mal no es lo contrario, sino la carencia del bien.

Biebnitz

Para hacer el mal cualquiera es poderoso.

Fray Luis de León

Jamás se hace el mal tan plena y alegremente como cuando se hace por un falso principio de conciencia.

Pascal

El mal, en cualquier forma que tome dentro de lo humano, no tiene significación alguna para un alma fuerte, aplomada y segura de sí misma.

Benito Pérez Galdós

MALDAD

Dios perdonará a los que le niegan; pero ¿qué hará con los que cometen la maldad en su nombre?

Jacinto Octavio Picón

De virtud hay una especie, de maldad hay muchas.

Platón

La maldad de los hombres ha sido siempre más ingeniosa que previsora la sabiduría de los legisladores.

Madame de Verzure

MALDECIR

No tiene importancia que maldigamos al vecino, siempre que no nos admiremos a nosotros mismos.

Chesterton

MALDICION

Las maldiciones, como las procesiones, vuelven a su punto de partida.

Proverbio italiano

MALEDICENCIA

Si dicen mal de ti con fundamento, corrígete; de lo contrario, échate a reír.

Epicteto

A menudo los maldicentes incurren en la maledicencia más por ligereza que por malicia.

La Rochefoucauld

Aseguro que si todos los hombres supiesen lo que hablan los unos de los otros, no habría cuatro amigos en el mundo, y lo confirman las querellas que surgen cuando a veces se hace un relato indiscreto.

Pascal

Nadie habla en nuestra presencia del mismo modo que en nuestra ausencia. La sociedad humana está fundada en este mutuo engaño.

Pascal

Si el cuerpo es derecho, no importa que la sombra sea torcida.

Proverbio chino

La maledicencia es la hermana tímida de la calumnia.

Anónimo

MALES

Los males comunicados, sino alcanzan sanidad, alcanzan alivio.

Miguel de Cervantes Saavedra

Debiera ser la vida mucho más fácil y placentera de lo que nosotros la hacemos. Debiera ser el mundo mucho mejor de lo que es. Ninguna razón hay para tantas luchas, desalientos y convulsiones de manos crispadas y dientes rechinantes. Necia y desdichadamente creamos nosotros la mayor parte de nuestros males.

Emerson

Todos tenemos la fuerza necesaria para soportar los males ajenos.

La Rochefoucauld

El mayor número de males que padece el hombre provienen del hombre mismo.

Plinio

MALGASTAR

Malgasté el tiempo y ahora el tiempo me malgasta a mí.

Shakespeare

MAL GUSTO

Lo que hay de embriagador en el mal gusto, es el placer aristocrático de desagradar.

Charles Baudelaire

MALIGNIDAD

Hay una exuberancia en la bondad que me parece ser malignidad.

Nietzsche

MALO

Lo malo nunca lo es de repente.

Alonso de Ercilla

Lo malo sin maestros se aprende.

Proverbio castellano

MALOS EJEMPLOS

Los malos ejemplos son más dañosos que los crímenes.

Montesquieu

MALVADO

Los malvados son como las moscas, que recorren el cuerpo de los hombres y sólo se detienen en las llagas.

La Bruyère

Ninguno es malvado por su elección o gusto; lo es sí

por efecto de algún vicio de conformación en su cuerpo, o por una mala educación.

Platón

Los malvados no necesitan del castigo de Dios ni de los hombres, porque su vida corrompida y atormentada es para ellos un castigo continuo.

Plutarco

El malvado la pena dilata, pero de ella no escapa.

Proverbio castellano

MALVADOS

Así como un mal pintor, un mal músico o un torpe escultor querrían sobresalir en sus profesiones, el malvado respeta el mérito de la virtud sin tener valor para seguirla; él quisiera ser bueno, mas el hábito le vuelve al vicio, a pesar de los males que experimenta.

Barón de Holbach

No hay monstruo más temible que un hombre que reúne un malvado corazón a un sublime talento.

Barón de Holbach

Los malvados obedecen a sus pasiones como los esclavos a sus dueños.

Diógenes

Hay malvados que serían menos peligrosos si no tuviesen ninguna bondad.

La Rochefoucauld

MANDAR

No es digno de mandar a los otros hombres aquel que no es mejor que ellos.

Ciro

Los hombres imaginan ser los que mandan; en realidad, el que manda es el trabajo.

André Maurois

Los hombres soportan ser mandados, e incluso anhelan serlo, con tal de que se les mande bien.

André Maurois

Gran cosa fuera que al que manda y al que obedece, los igualara un riesgo, para que los conformara un cuidado.

Paravicino

Cuando el jefe manda bien, huelgan las preguntas.

Proverbio alemán

Quien aspire a mandar, aprenda primero a obedecer.

Smiles

MANDO

El mando no es un placer ni un medio de proporcionar ventajas a los gobernantes, sino una espinosa misión consagrada al servicio de la comunidad.

Platón

El caballo conoce por la brida al que lo conduce.

Proverbio turco

MANIAS

Las manías de un gran hombre tienen que ser respetadas, porque el tiempo perdido en luchar contra ellas es demasiado precioso.

André Maurois

MANIFESTARSE

Es excepcional el hecho de que sin ayuda de fuera lo latente se haga manifiesto.

Keyserling

MANSEDUMBRE

La afirmación de que los mansos poseerán la tierra está muy lejos de ser una afirmación mansa.

Chesterton

MAÑANA

Sin el mañana que hace esperar en el desquite, en las victorias, en las ascensiones, en las promociones y en los aumentos, en las conquistas y en los olvidos, los hombres ya no desearían vivir. Sin el lejano perfume del mañana, ellos no querían comer el negro pan de hoy.

Giovanni Papini

No hay mañana que deje de convertirse en ayer.

Proverbio persa

MAQUINA

La máquina ha destruido la estructura secular de la vida humana, orgánicamente vinculada con la vida de la naturaleza.

Nicolás Berdiaev

MAQUINARIA

Los que se revolvieron contra las primeras invasiones de la maquinaria industrial tenían razón; quizá en no pensar que reducirían el número de trabajadores, pero sí en pensar que reducirían el número de dueños.

Chesterton

MAQUINAS

Las máquinas, siendo por sí incapaces de lucha, han logrado que el hombre luche por ellas.

Butler

Las máquinas, lo mismo que la división del trabajo, en el actual sistema de la economía social, son a la vez fuente de riqueza y causa permanente y fatal de la miseria.

Proudhom

Hasta hoy las máquinas no ha abreviado una hora el trabajo de un solo ser humano.

Stuart Mill

Me dan miedo los hombres demasiado inteligentes que se convierten en máquinas de pensar, porque, como las máquinas, no tienen corazón.

Anónimo

MAR

Nada más parecido que el mar en calma y la sonrisa de una mujer. Dice el azul del mar: navega; y dice la sonrisa: ama; y no es más cierto el mar que la sonrisa.

Jacinto Benavente

Las naciones más progresistas son siempre las que navegan más.

Emerson

La atracción invencible del mar consiste principalmente en el peligro que representa.

Guyau

Oh, Mar, novia solitaria del huracán, es inútil que levantes tus olas para seguir tu amor.

Rabindranath Tagore

MARIDO

La primera tarea del marido, por regla general, debe ser educar a su compañera.

Severo Catalina

El que presumiere de hombre cuerdo y ser buen marido, más ha de usar con mujer, de sagacidad que de rigor y fuerza.

Fray Antonio de Guevara

MASCARA

Lo que yo busco en todas partes es la máscara bajo la que los hombres ocultan su dolor.

André Maurois

MATAR

Es una manía constante del hombre querer matar a los que al cabo han de matarlo. El fastidio, el tiempo, he aquí con lo que queremos concluir, antes que ellos, a su vez, concluyan con nosotros.

Gustavo Adolfo Becquer

MATEMATICAS

Las proposiciones matemáticas, en cuanto tienen que ver con la realidad, no son ciertas; y en cuanto que son ciertas, no tienen nada que ver con la realidad.

Albert Einstein

Las matemáticas son una gimnasia del espíritu y una preparación para la filosofía.

Isócrates

Un matemático que no es también un poco poeta no será jamás un matemático completo.

G. Weierstrass

MATERIA

La materia es la simple visibilidad de la voluntad.

Schopenhauer

Cuando la materia desfallece, los grandes corazones se recogen en el alma y miran a Dios.

Anónimo

MATERNIDAD

La maternidad es la razón de ser de la mujer, su función, su alegría, su salvaguarda.

Alphonse Daudet

MATRIMONIO

El segundo matrimonio es un adulterio decente.

Atenágoras

El matrimonio debe combatir sin tregua un monstruo que lo devora todo, la costumbre.

Honorato de Balzac

El matrimonio es el resultado del amor, como el vinagre del vino.

Lord Byron

El matrimonio no puede alcanzar su objetivo principal, que es el perfeccionamiento recíproco de los esposos, si no es exclusivo e indisoluble.

Augusto Compte

No la belleza, sino la virtud y la comprensión es lo que dará la felicidad en el matrimonio.

Eurípides

El matrimonio es una comedieta de dos personajes en que cada uno estudia el papel... del otro.

Octavio Feuillet

Donde hay matrimonio sin amor, habrá amor sin matrimonio.

Franklin

Lo más próximo a la felicidad de no tener mujer, es tener una mujer buena.

Thomas Fuller

En el matrimonio lo principal no es amarse, sino conocerse.

Pablo Hervien

En la vida, como en el paseo, la mujer debe apoyarse en un hombre un poco más alto que ella.

Alfonso Karr

Se llama matrimonio de conveniencia, un matrimonio entre personas que no se convienen en absoluto.

Alfonso Karr

Los que se proponen, como objeto supremo de su vida, la felicidad personal, es lógico que no tengan la menor inclinación hacia el matrimonio.

Keyserling

¿Queréis saber lo que hace un buen matrimonio? Los sentidos en la juventud, la costumbre en la madurez, la necesidad recíproca en la vejez.

Duque de Levis

En el matrimonio es preciso contar con cualidades que resistan, que duren, y las grandes pasiones pasan pronto; al paso que una condición apacible en todos tiempos es buena.

Mariano José de Larra

La unión del matrimonio es perpetua, cuando la voluntad, no el deleite, la estrecha.

Proverbio castellano

Para que un matrimonio sea feliz, el acuerdo entre los caracteres es más necesario que el acuerdo entre las inteligencias.

Mantegazza

El mejor matrimonio sería aquel que reuniese una mujer ciega con un marido sordo.

Montaigne

Si el amor de una mujer fue una comedia, su matrimonio será un drama.

Armando Palacio Valdés

Elije una mujer de la cual puedas decir: «yo hubiera podido buscarla más bella pero no mejor».

Pitágoras

En el matrimonio la mujer toma el nombre del marido, como un vencedor el nombre de la batalla ganada.

M. G. Shapir

Todo el mundo debe casarse; no es lícito sustraerse egoístamente a una calamidad general.

M. G. Shapir

El matrimonio es el egoísmo a dúo.

Madame Stäel

El matrimonio no es tan útil para la procreación debida de los hijos como para formar las más feliz y propia sociedad de diverso sexo.

San Agustín

No hay más uniones legítimas que las que están gobernadas por una verdadera pasión.

Stendhal

El matrimonio debe ser como el gobierno de un Estado: una serie de acontecimientos.

Smiles

El matrimonio es como la muerte: pocos llegan a él convenientemente preparados.

N. Tommaseo

La vida conyugal es una barca que lleva dos personas

por un mar tormentoso; si uno de los dos hace algún movimiento, la barca se hunde.

León Tolstoi

La vida es un arte, y la vida matrimonial la más fina y difícil parte de este arte.

K. J. Weber

El matrimonio puede ser un dúo o un duelo.

Anónimo

MAXIMA

Una colección de bellas máximas es un tesoro más estimable que las riquezas.

Isócrates

Una máxima debe ser un fruto del árbol de la vida.

Désire Nisard

El mundo está lleno de buenas máximas, sólo falta aplicarlas.

Pascal

MAYORIA

La mayoría tiene muchos corazones, pero no tiene corazón.

Bismarck

El valor de las opiniones se ha de computar por el peso, no por el número de las almas.

Feijóo

Una necedad repetida por treinta y seis millones de bocas, no deja de ser una necedad.

Anatole France

Las cabezas de los hombres más grandes se achican cuando se reúnen, y allí donde hay más cuerdos es también donde hay menos cordura.

Montesquieu

¿Se adopta la decisión de ocho individuos en contra de la de dos? ¡Grave error! Entre ocho caben verosímilmente más necios que entre dos.

José Ortega y Gasset

Aquel monarca que de sus consultas elige por bueno lo que votaron los más, es esclavo de la multitud, debiendo serlo de la razón.

Francisco de Quevedo

No se rinde la verdad
a fuerzas de mayoría,
de un mayor es la maestría,
magisterio es majestad.

Miguel de Unamuno

MEDICO

El mejor médico es aquel que está convencido de lo inútiles que son las drogas.

Franklin

Gran médico es el tiempo por lo viejo y por lo experimentado.

Gracián

El médico que a la vez no es filósofo, no es tan siquiera médico.

Letamendi

Cuando un médico ignora lo que tiene el enfermo, pide la ayuda de un compañero y cobra el doble. Y es que la ignorancia se ha de pagar más cara.

Santiago Rusinyol

MEDIDA

El hombre es la medida de todas las cosas.

Protágoras

MEDIO

Hay que ocupar en todo el justo medio.

Solón

MEDIOCRE

Los espíritus mediocres suelen condenar todo aquello que está fuera del alcance de ellos.

La Rochefoucauld

MEDIR

Con la misma medida con que midiereis a los demás se os medirá a vosotros.

Jesucristo

Quien no sabe medirse a sí mismo, ¿cómo acertará a medir a los demás?

Plinio

MEDITACION

La meditación es el ojo del alma.

Bossuet

MEMORIA

¡Oh memoria enemiga mortal de mi descanso!

Miguel de Cervantes Saavedra

La atención es el buril de la memoria.

Levis

La memoria del agravio dura más que la de las mercedes.

Padre Mariana

La memoria es el estuche de la ciencia.

Montaigne

Una cabeza sin memoria es una plaza sin guarnición.

Napoleón

La memoria es el centinela del espíritu.

Shakespeare

MENTIRA

El mentir es propio de esclavos.

Apolonio

La mentira engaña al que la dice.

D'Houdetot

Hay algo más vergonzoso que la mujer que se vende; ese algo es el hombre que prostituye su alma y hace de la mentira un oficio.

Laboulaye

... que mentir para medrar

es uso de la razón
del estado de servir.

Lope de Vega

La mentira es justa, cuando, por hacer bien, la verdad
se oculta.

Proverbio castellano

MERITO

Para vivir en paz es más necesario esconder el mérito
que los defectos.

Conde de Caylus

El mérito se aprecia a sí propio y no consiente deshon-
rarse con intrigas y bajezas.

Barón de Holbach

El verdadero mérito se esconde por miedo a ser reco-
nocido.

Lemesle

Del mérito propio sale el resplandor y no de la tinta
del adulador.

Francisco de Quevedo

MIEDO

El miedo sin ser Dios
suele hacer algo de nada.

Gaspar de Aguilar

Cuando se cede al miedo del mal, se experimenta ya
el mal del miedo.

Beaumarchais

El miedo es natural en el prudente,
y el saberlo vencer es ser valiente.

Ercilla

Hay mucha gente que no cree en nada pero que tiene miedo de todo.

Hebbel

El miedo es el más peligroso de los sentimientos colectivos.

André Maurois

No ya cosa de que tenga yo tanto miedo como del miedo.

Montaigne

El que huye ante el miedo cae en la zanja.

Proverbio bíblico

No hay médico para el miedo.

Proverbio escocés

El valiente tiene miedo del contrario; el cobarde tiene miedo de su propio temor.

Francisco de Quevedo

MODESTIA

La modestia sola, es capaz de desarmar la envidia, que por lo común hace a los hombres tan injustos.

Barón de Holbach

La falsa modestia es la más decente de todas las mentiras.

Chamfort

El exceso de modestia es un exceso de orgullo.

Andrea Chenier

La modestia no es otra cosa que el orgullo vestido de máscara.

Mariano José de Larra

MOLESTIA

Sé más pronto a sufrir molestia que a darla.

San Isidoro

MORAL

Hay una moral femenina y una moral masculina como capítulos preparatorios de una moral humana.

Amiel

La moral descansa naturalmente en el sentimiento.

Anatole France

Para la política, el hombre es un medio; para la moral es un fin.

Herder

Esforcémonos en pensar bien; he ahí el principio de la moral.

Pascal

MORIR

Vivir en el corazón de los que dejamos detrás de nosotros no es morir.

T. Campbell

El que está para morir siempre suele hablar verdades.

Miguel de Cervantes Saavedra

Morir no es otra cosa que cambiar de residencia.

Marco Aurelio

Quien enseña al hombre a morir, le enseña a vivir.

Montaigne

Un bello morir honra toda una vida.

Francesco Petrarca

La necesidad de morir proporciona al hombre sabio una razón para soportar las penas de la vida.

Juan Jacobo Rousseau

MUERTE

Más espanta el aparato de la muerte que la muerte misma.

Bacon

He meditado a menudo sobre la muerte y encuentro que es el menor de todos los males.

Bacon

No teme la muerte quien sabe despreciar la vida.

Catón

La muerte es dulce, pero su antesala, cruel.

Camilo José Cela

El mundo es una posada y la muerte el final del viaje.

Dryden

La muerte sólo será triste para los que no hayan pensado en ella.

Fenelón

Y pues nacidos somos y mortales
ni tiembles de la muerte aborrecida,
ni la procures; que en templanzas tales
hallarás el descanso de la vida.

Jáuregui

El desprecio de la muerte, he ahí el principio de la fuerza moral.

Lacordaire

Feliz el que ha muerto antes de desear la muerte.

Rosamond Lehman

¡No existe la muerte! Lo que tal parece es una simple transición.

Longfellow

La muerte es un remedio, pero no debemos echar mano de él hasta última hora.

Molière

La muerte es un sueño sin sueños.

Napoleón

Muy sentida es la muerte cuando el padre queda vivo.

Séneca

La muerte no es más que un cambio de misión.

León Tolstoi

Como un mar, alrededor de la soleada isla de la vida,
la muerte canta noche y día su canción sin fin.

Rabindranath Tagore

MUJER

La mujer es la salvación o la perdición de la familia.

Amiel

La mujer es la reina del mundo y la esclava de un deseo.

Honorato de Balzac

Una mujer virtuosa tiene en el corazón una fibra de menos o una de más que las otras mujeres; o es estúpida o es sublime.

Honorato de Balzac

La mujer más despreocupada siente una voz interna que le dice: Sé bella si puedes, se sabía si quieres, pero sobre todo trata de ser estimada: es necesario».

Beaumarchais

Una mujer bella es un espejo brillantísimo que se empaña al menor soplo.

Miguel de Cervantes Saavedra

La mujer ha de ser buena,
y parecerlo, que es más.

Miguel de Cervantes Saavedra

Es de vidrio la mujer
pero no se ha de probar
si se puede o no quebrar,
porque todo podría ser.

Y es más fácil el quebrarse
y no escordura ponerse
a peligro de romperse
lo que no puede soldarse.

Miguel de Cervantes Saavedra

Una mujer sin ternura es una monstruosidad social,
todavía más que un hombre sin coraje.

Augusto Compte

La mujer, sólo el diablo sabe lo que es; yo no lo sé en
absoluto.

Dostoiewsky

Una mujer no separa su estimación de su gusto.

La Bruyère

Si hay debajo de la luna cosa que merezca ser estimada
y preciada es la mujer buena.

Fray Luis de León

La mujer es un hermoso defecto de la Naturaleza.

Milton

La mujer más insigne es la que mayor número de hijos
da a la patria.

Napoleón

El hombre reina y la mujer gobierna.

Ponson du Terrail

Aunque tu mujer haya cometido cien faltas no la golpees ni con una flor.

Proverbio indio

La mujer es un manjar digno de dioses, cuando no lo cocina el diablo.

Shakespeare

La mujer guapa es un peligro. La mujer fea es un peligro y una desgracia.

Santiago Rusinyol

¡Fragilidad, tienes nombre de mujer!

Shakespeare

De las mujeres debe temerse todo, especialmente su perdón.

A Sthal

Las mujeres han sido hechas para ser amadas, no para ser comprendidas.

Oscar Wilde

No hay ninguna mujer genial. Las mujeres son un sexo decorativo. Nunca tienen nada que decir, pero lo dicen deliciosamente.

Oscar Wilde

MURMURACION

Mucho ha de saber y muy sobre los estribos ha de andar el que quisiere sustentar dos horas de conversación sin tocar los límites de la murmuración.

Miguel de Cervantes Saavedra

Un quejoso, un descontento
echa, por vengar su ira,
en el vulgo una mentira,
a la novedad atento;
y como por su bajeza
no la puede averiguar

ni en los palacios entrar,
murmura de la grandeza.

Lope de Vega

No tratemos mal a nadie por poco que sea, sino excusemos de ordinario toda murmuración.

Santa Teresa

MUSICA

La música constituye una revelación más alta que ninguna filosofía.

Beethoven

La música compone los ánimos descompuestos, y alivia los trabajos que nacen del espíritu.

Miguel de Cervantes Saavedra

A la música va unida cierta falta de urbanidad porque daña a la libertad de los demás.

Kant

Para la música, las pasiones gozan de ellas mismas.

Nietzsche

La música puede definirse como la ciencia de los amores entre la armonía y el ritmo.

Platón

El hombre que no tiene música en sí y a quien no conmueve el acorde de los sonidos armoniosos, es capaz de toda clase de traiciones, de estratagemas y depravaciones.

Shakespeare

La música debe escucharse a media luz, a fin de que la atmósfera musical no se vea alterada por las sensaciones visuales.

Stendhal

La música lo eterno y lo ideal. No se refiere a la pasión, al amor o a la desesperación de tal o cual individuo, sino a la pasión, al amor y a la desesperación en sí.

Ricardo Wagner

La música es el verdadero lenguaje universal.

K. J. Werber

N

NACER

Nacer es comenzar a morir.

Teófilo Gautier

Todo hombre nace con el germen de la obra que ha de cumplir en esta vida.

Lowell

NACION

Cualquier nación que quiera asegurar su duración y demostrar su derecho a la existencia, debe descansar sobre una base religiosa.

Bismarck

Una nación que quiere agradar a todos, merece ser despreciada por todos.

Lichtenberg

Se puede aplastar a una nación religiosa; mas no dividirla.

Napoleón

NACIONES

El código de la salvación de las naciones no es el mismo que el de la salvación de los particulares.

Napoleón

NADA

Todo es nada y menos que nada lo que se acaba y no contenta a Dios.

Santa Teresa

NADAR

Es preciso fuerza y valor para nadar contra la corriente, mientras que cualquier pez muerto puede flotar en ella.

Samuel Smilles

NATURALEZA

La naturaleza es la mejor maestra de la verdad.

San Ambrosio

En la naturaleza no hay nada superfluo.

Averroes

A la naturaleza no se la vence sino siguiéndola.

Bacon

La Naturaleza es el trono exterior de la magnificencia divina.

Buffon.

Naturaleza en lo vario

tanto su poder mostró
siendo todo necesario,
que un veneno aún no engendró
sin engendrar su contrario.

Pedro Calderón de la Barca

La naturaleza obra sin maestros.

Hipócrates

¡Qué admirable cosa es la naturaleza y cómo nos ata a la vida!

Jenofonte

Cuando más adelanta el hombre en la penetración de los secretos de la naturaleza, mejor se le descubre la universalidad del plano eterno.

Kepler

¡Naturaleza! Transparente espejo
en el que Dios la vista recrea.

J. L. Luaces

Naturaleza es suave guía, pero no tan suave como prudente y justa.

Montaigne

Dejemos obrar a la naturaleza porque mejor que nosotros sabe lo que hace.

Montaigne

El perro permanece perro, aunque sea criado entre los leones.

Proverbio libanés

La sabia naturaleza
distribuyó proporciones
en sus fábricas discretas.

Tirso de Molina

La naturaleza humana cambia; he ahí lo único que se sabe de ella.

Oscar Wilde

La naturaleza es grande en las grandes cosas, pero es grandísima en las pequeñas.

Saint-Pierre

No creo que haya superior garantía de mérito del escritor a la de pintar con la mayor exactitud y emoción la Naturaleza, que tan bellamente clara se nos muestra algunas veces.

Stendhal

NECEDAD

La necedad es dinámicamente el contrapeso de la espiritualidad.

Amiel

Nadie debe aprovecharse de la necedad ajena.

Cicerón

Sobre el cimiento de la necedad, no asienta ningún discreto edificio.

Miguel de Cervantes Saavedra

Las tres cuartas partes de las locuras no son sino necedades.

Chamfort

NECESIDAD

Nadie tiene gran necesidad de nada; la necesidad ha de crearse.

Vicky Baum

La necesidad, según se dice, es maestra de utilizar el ingenio.

Miguel de Cervantes Saavedra

La ley es poderosa, pero más poderosa es la necesidad.

Goethe

Cuando la necesidad nos arranca palabras sinceras, cae la máscara y aparece el hombre.

Lucrecio

La necesidad, al menesteroso le obliga a ser mentiroso.

Proverbio castellano

No esperes que tu amigo venga a descubrirse su necesidad.

Juan Luis Vives

NECESIDADES

Cuantas menos necesidades tengáis, más libres seréis.

César Cantú

NECIO

Un lecho dorado no alivia al enfermo ni los bienes cuantiosos hacen sabio a un necio.

Barón de Holbach

Necio llamaré del todo,
no curioso, al que se mete
en lo que no le compete
ni toca por algún modo.

Miguel de Cervantes Saavedra

El hombre más necio puede llegar a fingirse erudito por un día o dos.

Goldsmith

Necio es aquel que tan siquiera tiene el ingenio precios. para llegar a ser fatuo.

La Bruyère

El necio luego al punto da a conocer su ira; más el que disimula la injuria es cuerdo.

Salomón

NEGACION

Es más fácil negar las cosas que enterarse de ellas.

Mariano José de Larra

La negación es el argumento favorito de la ignorancia; en realidad, su único argumento.

Anónimo

NEGATIVA

La mente negativa nunca logra nada, sólo desgarra y destruye.

O. S. Marden

NEGOCIO

Aquel hombre que pierde la honra por el negocio, pierde el negocio y la honra.

Francisco de Quevedo

Jamás toméis tan a pecho un negocio, que el temor del éxito llegue a inquietaros; dejad el resultado en manos de Dios.

San Francisco de Sales

NIÑO

En cada niño nace la humanidad.

Jacinto Benavente

Los niños no tienen pasado ni porvenir, y lo que apenas acaece, gozan del presente.

La Bruyère

Si al nacimiento de un niño la madre pudiese pedirle al hada madrina que lo dotase de alguna gracia, creo que la más útil sería la curiosidad.

Eleanor Roosevelt

Cada niño, al nacer, nos trae el mensaje de que Dios no ha perdido aún la esperanza en los hombres.

Rabindranath Tagore

Nada más sagrado que un niño, guardián de la eternidad en el tiempo, ante quien es una tremenda realidad el misterio del porvenir.

Miguel de Unamuno

La mayor alabanza que se puede hacer de un hombre es compararlo a un niño.

Constancio C. Vigil

A veces no es más que una puerta muy delgada lo que separa a los niños de lo que llamamos mundo real, y un poco de viento puede abrirla.

Stefan Zweig

NOBLEZA

La corona de la verdadera nobleza es una corona de espinas.

Carlyle

La nobleza del hombre procede de la virtud, no del nacimiento.

Epicteto

La nobleza habría subsistido si se hubiese preocupado más de las ramas que de las raíces.

Napoleón

Noble se puede llamar al que por su naturaleza es inclinado a la virtud.

Séneca

Nada como la sangre, señor, en los caballos, en los perros, y en los hombres.

Tackeray

NOVELA

Las novelas son bastante más largas que la vida.

Natalia Clifford Barney

Las novelas nunca las han escrito más que los que son incapaces de vivirlas.

Alejandro Casona

Una mala novela despierta los sentidos; una buena, la conciencia.

Isabel de Rumania

La historia es la novela de los hechos, y la novela es la historia de los sentimientos.

Helvecio

Las novelas son la historia de los deseos humanos.

Napoleón

NUBES

Las nubes son como el deseo de la tierra. Ocultan el sol a quien anhela.

Rabindranath Tagore

NUNCA

Por la calle del ya voy se va a la casa del nunca.

Miguel de Cervantes Saavedra

O

OBEDECER

En obedecer ciegamente consiste toda la moral del soldado; pero si esta moral conviene ciertamente en los campos y en los ejércitos, no se debe enseñar en las ciudades o en la sociedad, porque esto sería transformar a los militares en insensibles máquines, en viles instrumentos que en manos de los tiranos y déspotas destruirán las leyes y la libertad.

Barón de Holbach

Obedecer es el deber nuestro, es nuestro destino, y aquél que no quiera someterse a la obediencia será necesariamente despedazado.

Carlyle

Ninguno debe obedecer a los que tienen derecho a mandar.

Cicerón

Todos obedecen con gusto cuando el que manda es justo.

Proverbio castellano

OBEDIENCIA

Es muy difícil someter a la obediencia a aquel que no busca mandar.

Juan Jacobo Rousseau

La obediencia simula subordinación, lo mismo que el miedo a la policía simula honradez.

George Bernard Shaw

Tanto alcanza la fama el buen soldado por cuanto tiene de obediencia a sus capitanes y a los que mandar le pueden.

Miguel de Cervantes Saavedra

Trata de poner en la obediencia tanta dignidad como en el mandar.

A. Chauvilliers

El pueblo no obedece las leyes si no le dan ejemplo de obediencia los magistrados.

Licurgo

Gran virtud es vivir en obediencia y sujetar al albedrío de otro, por amor a Dios, la voluntad.

Ramón Llull

Para que dure un imperio es menester que el magistrado obedezca a las leyes y el pueblo a los magistrados.

Solón

El que obedece al timón, obedecerá al escollo.

Anónimo

OBRAR

El hombre superior es modesto en el hablar, pero abundante en el obrar.

Confucio

Obrar es fácil, pensar es difícil; obrar según se piensa aún es más difícil.

Goethe

Quien más se mueve menos obra.

A. Graf

Obra como si la máxima de tu voluntad y de tu conducta, fuese a ser declarada código universal para todos los hombres.

Kant

Lo esencial es obrar con la conciencia del deber, con la conciencia de adaptarse a la ley, movido sólo por el respeto a la ley.

Kant

Obra de modo que trates a la humanidad en ti mismo y en el prójimo, como fin y nunca como medio. Obra siempre como si fueses el legislador y al propio tiempo el súbdito de un reino de voluntades libres y racionales.

Kant

La vida está hecha para obrar, y es tan corta, que si nos obstinamos en razonar cada uno de nuestros pasos, corremos el peligro de quedar inmóviles.

Armando Palacio Valdés

Piensen como quieran de ti las gentes, obra según te parezca justo. Mantente indiferente a la ⸺ banza y al vituperio.

Pitágoras

El acto más grande humildad, de verdadera humildad, es obrar.

Miguel de Unamuno

OBRAS

Quien se dispone a efectuar grandes obras, procede con lentitud.

Sócrates

Siempre consideré que mis obras eran billetes de lotería. ¿Cuál quedará? ¡Quién sabe!

Stendhal

OBSERVACION

Quien lee sabe mucho; pero quien observa sabe todavía más.

Alejandro Dumas (hijo)

OBSERVAR

Si sois prudentes observaréis atentamente a los hombres para que no os oculten lo que piensan.

Solón

OBSTACULO

Jamás seré un obstáculo para mí mismo.

Agripino

Cada obstáculo en la Naturaleza es una reminiscencia de una más elevada patria.

Novalis

El éxito resulta de la lucha contra los obstáculos. Sin obstáculos no hay verdadero éxito. En la necesidad del esfuerzo hallamos la fuente principal del progreso de las naciones y de los individuos.

Samuel Smiles

OCASION

Yo quiero de la ocasión coger la dorada crin.

Gaspar de Aguilar

La ocasión hay que crearla; no esperar a que llegue.

Bacon

Más vale en la ocasión
un golpe con intención
que muchos con desatino.

Guillermo de Castro

El secreto del éxito en la vida del hombre consiste en *estar dispuesto* para aprovechar la ocasión que se le depare.

Disraeli

Los débiles esperan la ocasión; los fuertes la provocan.

O. S. Marden

Si teniendo ocasión no la aprovechas, por demás la esperas después de pasada.

Salustio

OCIO

El ocio destruyó las ciudades prósperas.

Cátulo

Hay mucha gente que no sabe perder su tiempo sola; es el azote de las personas ocupadas.

De Bonald

Una vida ociosa es una muerte anticipada.

Goethe

Así corrompe el ocio el cuerpo humano como corrompe a las aguas si están quedas.

Ovidio

El ocio y la soledad, para las malas acciones ofrecen libertad.

Proverbio castellano

OCIOSIDAD

La ociosidad, como el moho, desgasta mucho más rápidamente que el trabajo.

Franklin

La ociosidad, camina con tanta lentitud, que todos los vicios la alcanzan.

Franklin

Una persona ociosa tienta al diablo para que la tiente.

Richard Kingston

La ociosidad es padre y madre de todos los vicios.

Juan Luis Vives

OCIOSO

Un monstruo hay en el mundo: el ocioso.

Carlyle

El ocioso es reloj sin manecillas; tan inútil si marcha como si está parado.

Cowper

A la puerta del ocioso
me paré a considerar
cuánto trabaja a remolque
por no querer trabajar.

Popular

Rico o pobre, potente o débil, todo ciudadano ocioso es un bribón.

Juan Jacobo Rousseau

ODIAR

Odiar es un despilfarro del corazón, y el corazón es nuestro mayor tesoro.

Noel Clarasó

El que odia es un asesino y un suicida.

O. S. Marden

No se odia mientras se menosprecia. No se odia más que al igual o al superior.

Nietzsche

Todos los hombres se odian naturalmente el uno al otro.

Pascal

Desde el momento en que uno no puede esperar vengarse, comienza a odiar.

Stendhal

Odiar a alguien es otorgarle demasiada importancia.

Anónimo

ODIO

No honres con tu odio a quien no podrías honrar con tu amor.

Hebbel

El odio no se quita con el tormento, ni se expía por el martirio, ni se borra con sangre derramada.

San Isidoro

El odio a nuestros semejantes es mayor con los más allegados.

Leopardi

Un pensamiento de odio se desvanece al instante en presencia de otro de amor.

O. S. Marden

El odio es una tendencia a aprovechar todas las ocasiones para perjudicar a los demás.

Plutarco

El amor se parece siempre al odio y el odio al amor.

Stefan Zweig

Y nunca el odio llega a ser tan fatal para un soberano como el general desprecio.

Stefan Zweig

OFENSAS

Haces a Dios mil ofensas,
como dices, de ordinario,
y con rezar un rosario,
¿sin más ir al cielo piensas?

Miguel de Cervantes Saavedra

Aquel que pueda soportar con firmeza las grandes ofensas, puede también vengarlas.

Séneca

OIR

El oído en el hombre es camino para aprender.

Aristóteles

OJOS

Los ojos son los labios del espíritu.

Hebbel

En los ojos del joven arde la llama. En los del viejo brilla la luz.

Víctor Hugo

OLVIDAR

Si los hombres supiesen lo pronto que olvidan las viudas renunciarían a morirse.

Khrestmer

OLVIDO

Se ama sin razón y se olvida sin motivo.

Alfonso Karr

Si no puedes llegar a la generosidad del perdón, refúgiate en el olvido.

A. de Musset

¿Estuve enfermo? ¿He sanado?
¿Y quién mi médico ha sido?
¡Ah!, si todo lo he olvidado,
mi médico fue el olvido.

Nietzsche

El remedio de las injurias es el olvido de ellas.

Proverbio castellano

Hace siglos que la opinión pública es la peor de todas las opiniones.

Chamfort

Lo que perturba a los hombres no son precisamente las cosas, sino la opinión que de ellas se forman.

Epicteto

La regla y medida de nuestros actos son nuestras opiniones.

Epicteto

El que no tiene opinión propia siempre contradice la que tienen los demás.

Lingrée

No hubo jamás en el mundo dos opiniones enteramente conformes, como ni dos pelos, ni dos granos. La cualidad más universal es la diversidad.

Montaigne

La fuerza es la reina del mundo, y no la opinión; pero la opinión es la que usa la fuerza.

Pascal

Las opiniones no se deben combatir sino por medio del raciocinio. A las ideas no se las fusila.

Rivarol

El inconveniente del reinado de la opinión —escala indudable hacia la felicidad—, es que se entromete en cosas que en nada le atañen; la vida privada, por ejemplo.

Stendahl

La fuerza de una opinión general es irresistible. El que

la crea la domina, el que no sabe crearla debe someterse a ella.

E. W. Stevens

Diversidad de opinión sobre una obra de arte, prueba que la obra es nueva, compleja, vital.

Oscar Wilde

Un hombre convencido contra su voluntad, sigue siendo de la misma opinión.

Anónimo

OPONERSE

Si os halláis precisados a oponeros al dictamen de otros, hacedlo; pero con tanta dulzura y destreza, que no parezca que tratéis de violentar los espíritus.

San Francisco de Sales

OPORTUNIDAD

¿De qué sirve a un hombre la oportunidad si no sabe aprovecharla?

Jorge Elliot

OPORTUNISMO

El oportunismo es el signo que distingue al sabio.

Confucio

OPRESION

La mayor parte de aquellos que no quieran ser oprimidos quieren ser opresores.

Napoleón

210

OPUESTO

Apenas hay algo dicho por uno, cuyo opuesto no sea afirmado por otro.

Descartes

OPULENCIA

Pasar de la pobreza a la opulencia, no es más que cambiar de miseria.

Oxenstiern

La opulencia es siempre producto del robo.

San Jerónimo

ORADOR

El mayor orador del mundo es el triunfo.

Napoleón

ORDEN

El orden es a menudo la estrechez del espíritu. Es señal de impotencia.

Gérard Bauér

El orden, ¿no es un desorden al que nos hemos acostumbrado?

Esteban Calle Iturrino

Que en vuestra casa cada cosa tenga su lugar, cada negocio su tiempo.

Franklin

Estableced el orden: el hábito se encargará de mantenerlo.

Duc de Lewis

El orden es el mar hermoso ornamento de una casa.

Pitágoras

Con orden y tiempo se encuentra el secreto de hacerlo todo, y de hacerlo bien.

Pitágoras

ORGULLO

El hombre más noble es digno pero no orgulloso; el inferior es orgulloso, pero no es digno.

Confucio

El orgullo es el complemento de la ignorancia.

Fontenelle

Cuando el orgullo grita, es que el amor calla.

F. Gerfant

Si no tuviéramos orgullo no nos lamentaríamos del orgullo ajeno.

La Rochefoucauld

El orgullo es la fuente de todas las enfermedades, porque es la fuente de todos los vicios.

San Agustín

En la mujer, el orgullo es a menudo el móvil del amor.

George Sand

ORIGINALIDAD

Ser original es una cualidad; querer serlo es un defecto.

A. Chauvilliers

ORO

El oro se prueba por medio del fuego; la mujer por el oro, y el hombre por la mujer.

Chilón

El oro es como las mujeres, que todos dicen mal de ellas y todos las desean.

Lope de Vega

La cosa más noble y más necesaria que el hombre puede entender y amar es Dios, y, no obstante, son más amados en el mundo el oro y la plata que Dios.

Ramón Llull

El oro, a la par que es el más puro de los metales, es el mayor de los corruptores.

Sanial-Dubay

Triste sino el del oro: todos lo desprecian y todos lo desean.

José María Tallada

ORTOGRAFIA

¡Cuántos autores, aún en nuestros días, cuántos críticos y jueces de letras, o que se dan por tales tendrían que recordar que la ortografía es el comienzo de la literatura!

Sainte-Beuve

OSCURIDAD

Personas hay que tanto se han hundido en la oscuridad, que todo lo que es luz les parece confusión.

Pomponio

OSTENTOSAS

Las mujeres son ostentosas hasta cuando muestran la grandeza de su alma.

Stendahl

P

PACIENCIA

La paciencia es un árbol de raíz amarga, pero de frutos muy dulces; dulcísimos.

Aforismo persa

No confundas la paciencia, coraje de la virtud, con la estúpida indolencia del que se da por vencido.

Mariano Aguiló

La paciencia es el valor que sabe sufrir y esperar.

Descuret

Mejor y mayor virtud es en el hombre la paciencia, cuando no puede lograr el bien que desea, que el mismo bien que se sigue de la posesión de la posesión de lo amable, cuando consigue sus deseos.

Ramón Llull

A los que tienen paciencia las pérdidas se les convierten en ganancias, y los trabajos en merecimientos, y las batallas en coronas.

Fray Luis de Granada

La paciencia es la más estoica de las virtudes, precisamente porque no tiene ninguna apariencia de heroicidad.

Leopardi

La paciencia es el motor de la naturaleza.

O. S. Marden

La paciencia cosecha la paz y la precipitación el pesar.

Proverbio árabe

La paciencia está en la raíz de todos los placeres, lo mismo que en la de todas las facultades.

Ruskin

En esta vida la paciencia ha de ser el pan de cada día; pero la necesitamos en particular para nosotros, porque nadie quiere se nos hace tan pesado como nosotros mismos.

San Francisco de Sales

La rueda menos untada es la que más chilla, y así el que tiene menos unción de paciencia es el que más hace resonar sus quejas. Los corazones fuertes y generosos sólo se afligen por grandes motivos y aún así no se turban ni acaloran.

San Francisco de Sales

La paciencia es la virtud innata de los flemáticos, de las personas de espíritu indolente o pobre y de las mujeres.

Schopenhauer

La paciencia puede atreverse a todo.

Vauvenarges

La continuación del padecer engendra la paciencia.

Anónimo

PADRE

El padre debe ser el amigo, el confidente, no el tirano de sus hijos.

Gioberti

Prudente padre es el que conoce a su hijo.

Shakespeare

¡Cuán grande riqueza es, aún entre los pobres, el ser hijo de un buen padre!

Juan Luis Vives

PADRES

No hay palabra ni pincel que llegue a manifestar amor ni dolor de padre.

Mateo Alemán

El hacer el padre por su hijo es hacer por sí mismo.

Miguel de Cervantes Saavedra

Mucho tienen que hacer los padres para compensar el hecho de tener hijos.

Nietzsche

¿Con qué derecho pedirá favor a la Providencia invisible del Padre Omnipotente el que ultrajó la providencia visible de sus padres?

Anónimo

PAGAR

Todo hombre paga su grandeza con muchas pequeñeces, su victoria con muchas derrotas, su riqueza con múltiples quiebras.

Giovanni Papini

El mundo estima poco lo que paga poco.

Settembrini

El amor es la única pasión que se paga con· moneda acuñada por ella misma.

Stendhal

PAIS

Los países en donde no se ha amado ni se ha sufrido, no dejan en nosotros ningún recuerdo.

Pierre Loti

PAJARO

El pájaro cree que sería un acto de bondad hacer dar al pez una vuelta en el aire.

Rabindranath Tagore

PALABRA

A veces, en una sola palabra se conserva vinculada la memoria de largas operaciones mentales, y en pronunciarla o leerla se desmadeja en nuestro interior el hilo de conocimientos adquiridos durante largos años en que se encierra tal vez el fruto de los trabajos de la humanidad durante muchos siglos.

Jaime Balmes

Hablar es alguien. La presencia real está en la palabra. Se tiene necesidad del que escucha para ser verdaderamente uno mismo y para reconocerse. Cuando otro está conmigo yo estoy entre los dos.

Henri Barbusse

Una palabra hiere más profundamente que una espada.

Burton

Más vale una palabra a tiempo que cien a destiempo.

Miguel de Cervantes Saavedra

La palabra es el vehículo de la inteligencia, y la inteligencia es la señora del mundo material.

Benjamín Constant

Una sola palabra basta para destruir la dicha de los hombres.

Goethe

La palabra no es sólo, como alguien ha dicho, el arte de ocultar el pensamiento, sino el arte de ahogar y anular el pensamiento de manera que ya no quede nada por ocultar.

Maeterlinck

Las personas tienen sobre las bestias la ventaja de la palabra; pero las bestias son preferibles a las personas cuando las palabras carecen de buen sentido.

Máxima oriental

Luego que has soltado una palabra, ésta te domina; pero mientras no la has soltado eres su dominador.

Proverbio árabe

Una palabra debe ser vestida como una diosa y elevarse como un pájaro.

Proverbio tibetano

La palabra se ha dado al hombre para que pueda encubrir o disfrazar su pensamiento.

Talleyrand

La primera palabra que necesita calcularse antes de pronunciarla, aniquila al instante el encanto del sentimiento amoroso.

Anónimo

PALABRAS

Eran palabras absurdas y locas. Eran una de tantas cosas no razonables y maravillosas, estúpidas y locas de que se compone el amor.

Vicky Baum

Se amaban y nada tenían que decirse. Las palabras dicen siempre lo que no es, lo que es falso; uno se esconde detrás de las palabras. No hacen más que ocultar la realidad.

Vicky Baum

Nunca desconfiamos bastante de las palabras. Parecen nada las palabras, sin peligro, pequeños soplos, un ruido de la boca sin frío ni calor, no desconfiamos de ellas y viene la catástrofe. Hay palabras escondidas entre las otras como piedras. No las descubrimos pero ellas nos envenenan en la vida.

Louis Ferdinand Celine

Las palabras bondadosas son la mejor música terrenal, y esta música todo el mundo la puede tocar.

Noel Clarasó

Un hombre de virtuosas palabras no es siempre un hombre virtuoso.

Confucio

Hay quien cree que todas las palabras tienen un poder sobrenatural y hacen reales todas las cosas pensadas.

Eça de Queiroz

Muchas veces las palabras que tendríamos que haber dicho no se nos presentan en el espíritu hasta que ya es demasiado tarde.

Andrë Gide

Por tus palabras habrás de ser justificado, y por tus palabras serás condenado.

Jesucristo

Las palabras elegantes no son sinceras; las palabras sinceras no son elegantes.

Lao-Tseo

Las palabras son como las hojas. Cuando abundan, poco fruto hay entre ellas.

Pope

Cada uno habla como quien es; por las palabras se conoce la intención.

Proverbio castellano

Hay que masticar las palabras más que un pedazo de pan.

Proverbio georgiano

Las palabras de oro van a menudo seguidas de actos de plomo.

Proverbio holandés

Los actos son los frutos, las palabras son las hojas.

Proverbio inglés

Las palabras son como las abejas: tienen miel y aguijón.

Proverbio suizo

Hay palabras que parecen confituras saladas.

Proverbio turco

Las palabras son como las monedad, que una vale por muchas como muchas no valen por una.

Francisco de Quevedo

Panal de miel son las palabras suaves.

Salomón

Muchas palabras no indican mucha sabiduría.

Tales de Mileto

La suprema belleza de las palabras sólo se revela, perdido el significado con que nacen, en el goce de su esencia musical, cuando la voz humana, por la virtud del tono, vuelve a infundirles toda su inteligencia.

Ramón María del Valle-Inclán

PAN

Venturoso aquél a quien el cielo dio un pedazo de pan, sin que le quede la obligación de agradecerlo a otro que al mismo cielo.

Miguel de Cervantes Saavedra

PANTEISMO

El panteísta es un ateo disfrazado de Dios mismo.

Bossuet

PARADOJA

La paradoja es la pasión del pensamiento, y el pensamiento que evita la paradoja es como el amante que quisiera hurtarse a la pasión.

Kierkeguard

PARASITO

El animal más repugnante que he hallado entre los hombres, lo he llamado *parásito*. No quería amar y quería vivir del amor.

Nietzsche

Dios ha querido que fuésemos parcos en el goce de los placeres y nos ha obligado a ello por las mismas leyes de nuestra organización. Los que infringen esas leyes procurándose sin cesar goces inmensos, acaban por no encontrar placer en nada y apresuran el fin de sus días.

Jaime Balmes

PARECER

La mayor parte de los hombres prefieren parecer que ser.

Esquilo

En pidiéndose sobre algún punto vuestro parecer, dadle con franqueza; pero sin tomar interés en que se adopte o no.

San Francisco de Sales

No os apeguéis a vuestro parecer; pues con lo común con nuestras razones nos alucinamos.

San Francisco de Sales

PARIENTES

Un pariente pobre es siempre un pariente lejano.

D'Houdetot

Los lazos de la sangre tienen una fuerza extraña, y en la desgracia nada vale lo que el afecto de un pariente.

Eurípides

Más quiero mis dientes que mis parientes. Cuando yo era pobre no tenía parientes ni conocidos, que quien no tiene sangre no tiene consanguíneos, y ahora que soy rico me nacen como hongos y se me pegan como la lepra.

Gracián

Es difícil descubrir los parientes de un pobre.

Menandro

PARTIDISMO

Siempre encontré más fácilmente secuaces los espíritus partidistas que azuzan en una determinada dirección el eterno descontento humano.
Stefan Zweig

Con frecuencia es el más frívolo y superficial amor propio quien decide el partido que se toma. Porque, partida la sociedad, no quedan en ellos más que partidos.

Anónimo

PASADO

El hombre que conserva la fe en el pasado no se asusta del porvenir, porque está seguro de encontrar en aquel la táctica, la vía, el método para sostenerse en el problemático mañana.

José Ortega y Gasset

El pasado tiene más perfume que un bosquecillo de lilas en flor.

Proverbio persa

Añorar el pasado es correr tras el viento.

Proverbio ruso

El pasado es un prólogo.

Shakespeare

El único encanto del pasado consiste en que es el pasado. Por lo mismo, querer hacer que aquello que ha pasado vuelva a ser, es siempre una gran equivocación.

Oscar Wilde

El pasado es simplemente el material con que fabricamos el futuro.

Anónimo

PASION

Sin pasión, el hombre sólo es una fuerza latente, que espera una posibilidad, como el pedernal el choque con el hierro, para lanzar chispas de luz.

Amiel

El hombre sin pasiones sería frío, tendría algo de inerte, por carecer de uno de los principios más poderosos de acción que Dios ha concedido a la humana naturaleza;

pero, en cambio, el hombre dominado por las pasiones es ciego, y se abalanza a los objetos a la manera de los brutos.

Jaime Balmes

La pasión y sus manifestaciones, es la base de la humanidad. Sin ella, la historia, la novela y el arte serían inútiles.

Honorato de Balzac

No hay virtud que no defienda una pasión. Cuando se quiere con toda el alma, todas nuestras virtudes no tienen más valor que el de poder sacrificarlas a quien se quiere sin importarnos el sacrificio.

Jacinto Benavente

La pasión se aumenta y se mitiga confesándola. Tal vez en ninguna cosa sería tan de desear el término medio como en la confianza y la reserva de aquellos a quienes amamos.

Goethe

El placer del amor consiste en amar, y se es más feliz por la pasión que se siente que por la que se inspira.

La Rochefoucauld

Muchas veces la pasión torna necio al hombre más cuerdo y cuerdo al más necio.

La Rochefoucauld

El arte de vivir consiste en sacrificar una pasión baja a una pasión más alta. Pero mucha gente sólo siente las pasiones bajas, y no saben nada de este sacrificio porque nunca han sentido las pasiones elevadas y no han tenido razón para sacrificar a las otras.

François Mauriac

La pasión no se caracteriza por la cantidad o tensión

amorosa, sino por la calidad. La pasión es, en suma, la calidad femenina del amor.

Ramón Pérez de Ayala

Cada uno atiende más a la pasión que a lo que dicta la razón.

Proverbio castellano

Difícil vencer la pasión, pero también imposible satisfacerla.

Madame de la Sallière

Nada tan interesante como la pasión, y es que en ella todo es imprevisto, y el agente es la víctima.

Stendhal

Nunca sale de raíz
una pasión encendida;
que en el hombre más feliz,
aunque se sane la herida,
se queda la cicatriz.

Tirso de Molina

PASIONES

Sólo las pasiones, las grandes pasiones, pueden elevar el alma a las grandes cosas.

Diderot

Las pasiones son como los vientos, que son necesarios para dar movimiento a todo, aunque a menudo sean causa de huracanes.

Fontenelle

Las grandes pasiones son enfermedades incurables. Lo que podría curarlas las haría verdaderamente peligrosas.

Goethe

Las pasiones son virtudes o defectos exagerados.

Goe ?

La carencia de pasiones hace al hombre estúpido.

Helvecio

Las pasiones alteran momentáneamente la índole de los hombres, pero no la destruyen.

Jovellanos

Las pasiones engendran a menudo otras que les son contrarias. La avaricia produce a veces la prodigalidad y la prodigalidad la avaricia. Con frecuencia se es firme por flaqueza y osado por timidez.

La Rochefoucauld

Las pasiones son los únicos oradores que persuaden siempre.

La Rochefoucauld

Las pasiones se tornan malas y pérfidas cuando se las considera de un modo pérfido y malo.

Nietzsche

Todas las pasiones son buenas cuando uno es dueño de ellas, y todas son malas cuando nos esclavizan.

Juan Jacobo Rousseau

No podemos evitar las pasiones, pero sí vencerlas

Séneca

PATRIA

Una patria es una asamblea de hogares.

Henri Bordeaux

La patria tiene derecho a que nuestra alma, nuestro talento y nuestra razón le consagren sus mejores y más nobles facultades.

Cicerón

Confío que mi patria tenga razón; pero, con razón o sin ella, yo la defenderé.

J. J. Crittendem

No es patria aquélla donde no hay justicia, buena. fe, concordia ni virtud. Sacrificar sus intereses, sus bienes y su vida por los tiranos, es sacrificarse, no por su patria, sino por sus más crueles enemigos.

Barón de Holbach

El heroísmo puede salvar la patria en circunstancias difíciles; pero solamente un conjunto cotidiano de pequeñas virtudes determinan su grandeza.

G. le Bon

La patria no existe sin amor de sus hijos.

Antonio Maura

La primera virtud es la devoción a la patria.

Napoleón

El que salva a su patria no viola ley alguna.

Napoleón

Si la ciencia no tiene patria, el hombre de ciencia tiene una.

Pascal

Cuando tu patria sea injusta, cual una madrastra, adopta para con ella el partido del silencio.

Pitágoras

No hemos nacido para nosotros, sino para nuestro país.

Platón

Si viene de nuestro país natal hasta el cuervo nos gusta.

Proverbio ruso

PATRIMONIO

Los hombres olvidan más fácilmente la muerte de su padre que la pérdida de su patrimonio.

Maquiavelo

PAZ

La paz de hecho no es la paz de principio.

Amiel

Porque el fruto de la guerra
en la paz felicísima se encierra.

Miguel de Cervantes Saavedra

La paz se tiene cuando se puede imponer.

Remy de Gourmont

Es mejor y más segura una paz segura que una victoria esperada.

Tito Livio

El corazón en paz ve una fiesta en todas las aldeas.

Proverbio indio

La paz es tal bien que no se puede desear otro de mejor, ni poseer uno de más útil.

San Agustín

PECADO

Los que tienen la idea más frívola del pecado son precisamente los que suponen un abismo entre las personas honradas y las otras.

Amiel

No está el pecado en el hecho, si en la voluntad no está.

Miguel de Cervantes Saavedra

Los viejos pecados tienen largas sombras.

Agatha Christie

No hay más que dos especies de hombres: Una, la de los justos que se creen pecadores, y otra la de los pecadores que se creen justos.

Pascal

PECADOR

Cuando un pecador se vuelve
a Dios con humilde celo
se hacen fiestas en el cielo.

Miguel de Cervantes Saavedra

PECADORES

Los más de los pecadores pasan su vida ofendiendo a Dios y confesándose.

Clemente XIV

PECADOS

Hay pecados cuya fascinación está más en el recuerdo que en la comisión de ellos.

Oscar Wilde

El hombre tiene mil tentaciones para pecar; la mujer solamente una; si ella no puede resistirla no tiene ningún derecho a nuestra indulgencia.

Bulwer Lytton

Quien pecó en una sola cosa, manifiesto es que se esclaviza a todos los vicios. Pues, por un solo pecado perecen muchas justicias, por un solo mal pueden perderse muchos bienes.

San Isidoro

PEDAGOGIA

En saber sugerir, consiste la gran fineza pedagógica.

Amiel

PEDANTE

Un necio no es más que fastidioso; pero un pedante es insoportable.

Napoleón

Un estúpido adulterado por el estudio.

Miguel de Unamuno

PEDANTERIA

La pedantería tiene sus raíces en el corazón no en la inteligencia.

Hebbel

No admitir corrección ni consejo sobre la propia obra es pedantería.

La Bruyère

El origen de la pedantería es la falta de confianza en el propio criterio.

Schopenhauer

PEDIR

Pídelo todo a ti mismo y nada a los demás.

C. Fiessinger

PELEA

Cuando los grandes peces se pelean las quisquillas pueden estar tranquilas.

Proverbio criollo

PELIGRO

La atracción del peligro es el fondo de todas las pasiones profundas del hombre.

Anatole France

Cuando nos encontramos en peligro no nos damos cuenta, porque somos poco reflexivos; gracias a esto no perdemos la calma y salimos muy bien de todo.

André Maurois

El que en peligro se mete, cuando quiere retirarse no puede.

Proverbio castellano

Mayor es el peligro donde mayor es el temor.

Salustio

Cuando el peligro es extremo, es un deber sagrado el que todos indistintamente tomen parte en él.

Virgilio

La pena tiene sus placeres, el peligro tiene sus encantos.

Voltaire

PENA

La pena que no acaba la vida, la costumbre de padecerla la hace fácil.

Miguel de Cervantes Saavedra

La pena (castigo) es un bien en sí misma.

Kant

Del exceso de placer nace la pena; el ojo mismo llora apenas se ríe intensamente.

F. Rückert

La pena de mi corazón se ha convertido en paz como el atardecer entre los árboles silenciosos.

Rabindranath Tagore

PENAS

Suavizar las penas de los otros, es olvidar las propias.

Abraham Lincoln

Las penas que las mujeres menos compadecen, son las que se sufren por ellas.

Hilda Owsley

PENSAMIENTO

Detener el pensamiento en su forma exterior y estudiarlo en lo que puede hacer así, es desconocer la naturaleza y dinámica del pensamiento.

Antonin Arlaud

Al engendrarse todo pensamiento sublime, se produce una sacudida nerviosa que repercute en el cerebro.

Charles Baudelaire

El pensamiento de un hombre es, ante todo, su nostalgia.

Albert Camus

El pensamiento es la principal facultad del hombre, y el arte de expresar los pensamientos es la primera de las artes.

Condillac

El pensamiento nos consuela de todo y todo lo remedia.

Chamfort

La independencia del pensamiento es la más noble aristocracia.

Anatole France

La contradicción es la sal del pensamiento.

O. Gréard

Todo es pensamiento y nada hay fuera del pensamiento; las cosas son lo que son pensadas; las formas subjetivas del conocimiento son también formas objetivas de la realidad.

Hegel

Dios piensa cuando quiere y quiere cuando piensa, porque es el pensamiento, la voluntad y fuente de todo bien.

San Ireneo

Sentía los cuatro vientos,
en la encrucijada
de su pensamiento.

Antonio Machado

Puedo concebir a un hombre sin pies, sin manos, sin cabeza. Pero no puedo concebir al hombre sin pensamiento. ¡Sería una piedra o un bruto!

Pascal

El estómago es el suelo del cual germina el pensamiento.

Rivarol

El pensamiento es grande, rápido y libre; la luz del mundo y la gloria principal del hombre.

Bertrand Russell

Pensamiento filosófico
mientras no te hagas paisaje
no serás en nuestro viaje
sino coche catastrófico.

Miguel de Unamuno

Cada pensamiento es una excepción de una regla general que es el no pensar. El sonido es el estado excepcional de una regla tensa.

Paul Valèry

Es preciso aprender a no fiarnos de nuestro pensamiento porque es nuestro pensamiento; por el contrario, es necesario contenerle y tratarle con una desconfianza mayor, precisamente porque es nuestro pensamiento.

Paul Valèry

Lo que más irrita a los tiranos es la imposibilidad de poner grillos al pensamiento.

Anónimo

Proclamo en alta voz la libertad de pensamiento, y muera el que no piensa como yo.

Anónimo

Un pensamiento es como una letra; se acepta o no según la firma.

Anónimo.

PENSAMIENTOS

Alimentad el espíritu con grandes pensamientos. La fe en el heroísmo hace los héroes.

Disraeli

Es muy general la ilusión de creer que cuando un hombre tiene un buen pensamiento, ya es lo que en aquel momento piensa que es. Bien están los buenos pensamientos; pero resultan tan livianos como burbujas de jabón, si no los sigue el esfuerzo para concretarlos en acción.

Jovellanos

Más interesante que lo que la gente dice es su pensamiento secreto, y esto es lo que importa conocer.

Maeterlinck

¿Qué sería de nosotros si nuestros pensamientos se encarnaran en el mismo momento en que los pensamos y tuviéramos que vivir con ellos como en familia?

Maeterlinck

Vivimos al lado de nuestra verdadera vida y sentimos que nuestros pensamientos más íntimos y más profundos no nos pertenecen, pues nosotros somos una cosa distinta de nuestros pensamientos y de nuestros sueños.

Maeterlinck

Los pensamientos están exentos de impuestos.

Proverbio inglés

Somos dueños de nuestros pensamientos; su ejecución, sin embargo, nos es ajena.

Shakespeare

Los pensamientos son como tapices plegados o arrollados; la conversación los despliega y los pone a la luz del día.

Temístocles

La claridad es la virtud de los pensamientos profundos.

Vauvenargues

Los pensamientos más profundos son aquellos que parecen tan sencillos, que todos creemos haberlos pensado nosotros mismos.

Anónimo

Para expresar los más atinados y profundos pensamientos, se necesitan muy pocas palabras.

Anónimo

PENSAR

Pensar es recoger en una impresión, destacarla dentro de nosotros mismos y proyectarla en un juicio personal.

Amiel

Quien no quiere pensar, es un fanático; quien no puede pensar, es un idiota; quien no osa pensar, es un cobarde.

Bacon

¿Queréis saber lo que piensan los hombres? No os fijéis nunca en lo que dicen, sino sólo en lo que hacen.

Beauchêne

Pensar en viejo me abruma y, sin embargo, pensar en joven, en sano y arrogante joven, me parece tan insípido...

Camilo José Cela

Meyer suele decir: «¡Si no fuera tan difícil pensar!». Pero lo peor es que para pensar de nada sirve pensar.

J. P. Eckermann

Una parte de los hombres obra sin pensar, la otra piensa sin obrar.

Hugo Fóscolo

PERDER

Mejor perder que perder más.

Apotegma portugués

Lo bien ganado se pierde, y lo malo, ello y su dueño.

Miguel de Cervantes Saavedra

El árbol se desnuda hoja por hoja; si los hombres contemplasen todas las mañanas lo que han perdido el día anterior, conocerían a fondo su pobreza.

Chateaubriand

El que ha perdido un ojo conoce el valor del que le queda.

G. Herbert

Perderlo todo es ganarlo todo, porque no se posee eternamente más de lo que se ha perdido.

Ibsen

Esta es, en verdad, la naturaleza de los mortales, que nada les place más que lo que se perdió; el deseo de lo que se nos quitó nos hace injustos con lo que nos fue dejado.

Séneca

Antes de perderlo, el insensato no sabe que tiene en la mano un objeto precioso.

Sófocles

PERDIDA

¿Queréis que no os sea tan sensible la pérdida de las cosas del mundo? Pues no deseéis con ansia lo que no tenéis, ni tampoco améis con exceso lo que poseéis.

San Francisco de Sales

PERDON

Por amor a la concordia
perdona toda malicia,

a veces la misericordia
más justa es que la justicia.

Mariano Aguiló

El perdón nos hace superiores a los que nos injurian.

Napoleón

Las primeras palabras que la nodriza del hijo de un rey
debe enseñarle son: yo perdono.

Shakespeare

El que a.Dios tiene ofendido
pídale perdón a Dios,
porque es Señor tan piadoso,
que a ninguno lo negó.

Tirso de Molina

El perdón es la venganza de los hombres buenos.

Anónimo

PERDONAR

El más noble orgullo para una mujer, por mucho que
la hayan ofendido, es poder perdonar siempre sin tener
que arrepentirse.

Jacinto Benavente

Perdonar supone siempre un poco de olvido, un poco
de desprecio y un mucho de comodidad.

Jacinto Benavente

Perdonar sinceramente y de buena fe, perdonar sin re-
servas; he aquí la prueba más dura a que puede ser someti-
do el amor.

Bourdalone

Perdonando demasiado al que yerra, se comete injusticia con el que no yerra.

B. Castiglione

Es mucho mejor perdonar que vengarse.

Epicteto

El que perdona ligeramente, da indicios de consentimiento.

Alonso de Ercilla

El hombre perdona y olvida; la mujer perdona solamente.

F. Gerfant

Nos lo perdonamos todo a nosotros mismos, nada perdonamos a los demás.

La Fontaine

Perdonamos fácilmente a nuestros amigos los defectos en que en nada nos afectan.

La Rochefoucauld

El ofendido perdona, pero el ofensor jamás.

F. Pananti

El hombre que perdona a sus enemigos haciéndoles bien, se parece al incienso, el cual embalsama el fuego que le consume.

Proverbio árabe

Es tan cruel e injusto perdonar a todos, como a ninguno.

Proverbio castellano

Si no hemos perdonado nosotros, demos sentencia contra nosotros, que no merecemos perdón.

Santa Teresa

Perdona para que se te perdone; olvida para que se te olvide.

San Isidoro

Podemos elevarnos muy por encima de aquellos que nos ofenden, perdonándolos.

Anónimo

PERSEVERANCIA

La perseverancia es la virtud por la cual todas las otras virtudes dan frutos.

A. Graf

La victoria es del más perseverante.

Napoleón

Siguiendo al río se llega a la mar.

Plauto

¿Hay algo más duro que una piedra y algo más blando que el agua? Sin embargo, la blanda agua horada la piedra.

Ovidio

PERVERSIDAD

La perversidad puede agradar cuando se usa con arte, o cuando, por su rareza, no se le da fe.

Leopardi

Cuando el malo se finge bueno es más perverso.

Proverbio castellano

PIEDAD

La ausencia de la piedad cambia a los culpables en mártires.

H. Maret

La piedad no es lo mismo que la superstición. Llevar la piedad hasta la superstición, equivale a destruirla.

Pascal

El tuerto se apiada de los ciegos.

Proverbio árabe

Lo que la lluvia es para el fuego, la piedad es para la cólera.

Schopenhauer

Una piedad sin límites por todos los seres vivos es la prueba más firme y más segura de la conducta moral.

Schopenhauer

PLACER

En ningún estar presente se encuentra placer si antes no se ha sentido fastidio. La fatiga no agrada sino inmediatamente después del reposo, y, por el contrario, si no es inmediatamente después de la fatiga, en el reposo no hay delectación.

Giordano Bruno

La furia con que el mundo actual busca el placer prueba que carece de él.

Chesterton

En todo aquello que vale la pena de tener, incluso en el placer, hay un punto de dolor o de tedio que ha de ser sobrevivido para que el placer pueda revivir y resistir.

Chesterton

Un sabio disfruta de las placeres y se pasa sin ellos como se hace con los frutos en invierno.

Helvetio

No hay placer que no tenga por límite el pesar.

Lope de Vega

De la fuente misma de los placeres brota no se sabe qué amargura.

Lucrecio

Todo lo que unos atesoran otros saben convertirlo en placer.

François Mauriac

Todo placer esperado es mayor que obtenido.

Metastasio

Todo organismo sano presenta a la existencia un presupuesto de placer que ha de ser satisfecho, so pena de morboso desequilibrio.

José Ortega y Gasset

Un placer es menos vivo cuando no va acompañado de alguna inquietud.

Ovidio

Tal es la voluntad de los dioses; todo placer se acompaña de pena.

Plauto

El placer y el dolor se acuestan en la misma cama.

Proverbio checo

Los bellos caminos no llevan lejos.

Proverbio chino

Dios ha puesto el placer tan cerca del dolor, que a veces se llora de alegría.

George Sand

El placer que existe en la tristeza es más dulce que el placer del placer mismo.

Shelley

POBREZA

Preferí siempre una pobreza sin tacha a las riquezas mal adquiridas; éstas no pueden sernos útiles sino durante la vida.

Aristóteles

La pobreza es una cosa muy estimable, con tal que viva tranquila y contenta con su suerte; el hombre es rico luego que ha llegado a familiarizarse con la escasez; no es pobre el que tiene poco, sino aquel que teniendo mucho, desea todavía más.

Epicuro

Todo lo que pasa en el mundo se debe a que no se sabe soportar la pobreza ni encontrar su alegría. El que no ame la pobreza podrá ser rico o pobre, pero será un desesperado.

Ramón Gómez de la Serna

Gran pena es al pobre procurar lo que le falta, y también es muy gran trabajo al rico lo que le sobra.

Antonio de Guevara

Los ricos que no saben usar de sus riquezas son de una pobreza incurable, porque es pobreza de espíritu.

Jenofonte

La pobreza no es afrentosa de por sí, sino cuando proviene de la flojedad, disipación y abandono.

Plutarco

Acomodarse con la pobreza es ser rico. Se es pobre, no por tener poco, sino por desear mucho.

Séneca

¡Oh! pobreza, oh gran tesoro, llave herrumbrosa del cielo. ¿Cómo, oh dulzura del paraíso, eres tan amarga para los corazones?

Jacinto Verdaguer

PODER

El objeto del Poder público es una necesidad del género humano; su valor moral se funde en la ley natural, que autoriza y manda la existencia del mismo. El modo de su formación ha dependido de las circunstancias, sufriendo la variedad o inestabilidad de las cosas humanas.

Jaime Balmes

Sin trono no tendríamos poder; sin poder no hay orden; sin orden no hay obediencia a las leyes, y sin obediencia a las leyes no hay libertad, porque la verdadera libertad consiste en ser esclavo de la ley.

Jaime Balmes

El poder nada tiene de halagüeño cuando sólo sirve para aterrorizar y atraerse las maldiciones de los hombres.

Barón de Holbach

El objeto del poder es el bien, su medio el orden, su instrumento la ley, su esencia la justicia.

Colmeiro

Todo poder que no reconozca límites, crece, se eleva, se dilata, y por fin se hunde por su propio peso.

Cormenin

El detentor del poder es siempre impopular.

Disraeli

El poder sin límites, es un frenesí que arruina su propia autoridad.

Fenelón

No hay más que un poder: la conciencia al servicio de la justicia; no hay más que una gloria: el genio, al servicio de la verdad.

Víctor Hugo

Para que no se pueda abusar del poder, es preciso que el poder detenga al poder.

Montesquieu

El poder absoluto reprime y selecciona las ambiciones; la democracia las desencadena todas, sin examinarlas.

Napoleón

Dentro del sistema del poder absoluto, basta una voluntad para destruir un abuso; en el sistema de asambleas, se necesitan quinientas.

Napoleón

El poder absoluto ha de ser esencialmente paternal; en otra forma, sería destruido.

Napoleón

El mundo no se está quedo;
a la noche sigue el día:
si el yo quiero suena bien, el yo puedo
suena mejor todavía.

Nietzsche

¿Queréis conocer a un hombre? Revestidle de un gran poder.

Pitarco

Agradezco no ser una de las ruedas del poder, sino una de las criaturas que son aplastadas por ellas.

Rabindranath Tagore

Q

QUEJARSE

No te quejes de la nieve en el techo del vecino cuando también cubre el umbral de tu casa.

Confucio

QUERER

En la vida se obtiene todo lo que de veras se quiere. Querer es más poderoso, más duro, más laborioso, más cansado y más difícil que obrar.

Vicki Baum

Cuando ellas no quieren es cuando están queriendo.

Almeida Garret

Mientras más se quiere a una mujer, más cerca se está de odiarla.

La Rochefoucauld

El querer del hombre es esencialmente libre; es libre en cuanto es querer.

Hegel

Quiero lo que debo;
para mí el deber no existe;
sólo el quiero.

Nietzsche

El que no puede lo que quiere, que quiera lo que pueda.

José Ortega y Gasset

Querer, es tener el valor de exponerse a un inconveniente; exponerse así es tentar al acaso y es jugar.

Stendhal

QUIETISMO

El quietismo estético es la significación más expresiva de las cosas, es un nuevo entrever.

Ramón María del Valle-Inclán

QUINTAESENCIAS

Vale más quintaesencias que fárragos.

Gracián

R

RACIONAL

Vale más ser desgraciado y racional, que no feliz y falto de razón.

Epicuro

RAYOS

En los montes más elevados caen los rayos, y adonde hallan mayor resistencia hacen más daño.

Miguel de Cervantes Saavedra

RAZON

La razón acabará por tener razón.

D'Alembert

El hombre que escucha la razón está perdido. La razón esclaviza a todos los que no son bastante fuertes para dominarla.

George Bernard Shaw

La razón humana es una gota de luz en un lago de tinieblas.

Cammerson

Despréndete de todas las impresiones de los sentidos y de la imaginación, y no te fíes sino de la razón.

Descartes

Lo más insufrible para el hombre razonable es lo que carece de razón.

Epicteto

¡Todos tienen razón y qué pocos son los razonables!

Fuechtersleben

No será la primera vez que me ocurre tener más razón de lo que al principio creía.

André Gide

Somos todos tan limitados, que creemos siempre tener razón.

Goethe

El que quiera tener razón y habla solo, de seguro logrará su objeto.

Goethe

Se puede tomar por compañera la fantasía, pero se debe tener como guía a la razón.

Johnson

Un hombre discreto ni se deja dirigir ni pretende gobernar a los demás; sólo quiere que la razón impere exclusivamente y siempre.

La Bruyère

Quien al tocar ciertos puntos, o al profundizar ciertas materias, no pierde la razón, prueba que la tiene.

Lessing

He temido siempre indagar a la razón, pero nunca a los hombres.

Mirabeau

La razón es como una olla de dos asas; se la puede coger por la derecha o por la izquierda.

Montaigne

Dos excesos: excluir la razón, no admitir más que la razón.

Pascal

Entre dos hombres iguales en fuerza, el que tiene más razón es el más fuerte.

Pitágoras

La razón es el conjunto de ideas pre-existentes de que no podemos adquirir conciencia sino a medida que vamos distinguiendo las entidades hechas a su imagen. La razón es la facultad soberana del alma, la fuente de todo conocimiento, el principio determinativo de toda acción humana.

Platón

La razón no se sometería nunca, si no juzgase que hay ocasiones en que debe someterse.

San Agustín

La Razón puede resistir desastres, el Error no.

Rabindranath Tagore

El vivir en contradicción con la propia razón es la situación más intolerable.

León Tolstoi

Algunas veces la razón me parece ser la facultad de nuestra alma para no comprender nada de nuestro cuerpo.

Paul Valèry

Todo cuanto hemos entendido, reflexionado y comparado está dispuesto para servir a la razón.

Juan Luis Vives

La fuerza bruta aún puede tolerarse, pero la razón bruta en modo alguno.

Oscar Wilde

RAZONABLE

El hombre es más razonador que razonable.

Federico II de Prusia

Lo que es razonable no es verdaderamente sabio; y lo que es sabio no es casi nunca razonable a los ojos de una razón demasiado fría.

Maeterlinck

RAZONAMIENTO

El razonamiento puede servir para demostrar con alguna apariencia de solidez las tesis más absurdas.

André Maurois

Todo nuestro razonamiento se reduce a ceder al sentimiento.

Pascal

RAZONAMIENTOS

Sé breve en tus razonamientos; que ninguno hay gustoso si es largo.

Miguel de Cervantes Saavedra

RAZONAR

Quien no quiere razonar es un fanatico; quien no sabe razonar es un tonto; y quien no osa razonar es un esclavo.

W. Drummond

REALIDAD

La realidad no puede ser mirada sino desde el punto de vista que cada cual ocupa, fatalmente, en el universo.

José Ortega y Gasset

La realidad, con su sentido mal leído y el énfasis mal situado, es la ficción.

Rabindranath Tagore

REALIZACIÓN

El principio de toda realización ha de estar en vuestra conciencia.

O. S. Marden

Para llegar al momento de la realización es preciso atravesar el desierto de los años estériles.

Rabindranath Tagore

REBELDE

El rebelde no puede ser un héroe más que cuando su rebelión es pura.

André Maurois

RECATADA

La joven más recatada se prodiga en demasía si descubre sus encantos a la luna.

Shakespeare

RECATAR

Si recatas demasiado tu alma, sólo tú cosecharás la experiencia de tu vida. Ni abreviarás la faena de otros, ni aumentarás con tu aceite la luz de tu lámpara. Más bien será como si escondieses tu candil bajo el celemín.

Amado Nervo

RECIBIR

El que recibe lo que no puede pagar, engaña.

Séneca

RECIPROCIDAD

Si alguien te ha mordido te ha hecho recordar que tú tienes dientes.

Proverbio africano

RECOGER

Donde quiera que fuereis, recoged siempre cosas buenas; haced como las abejas, que en volviendo a su colmena no traen sino miel.

San Francisco de Sales

257

Si quieres recoger miel, no des puntapiés sobre la colmena.

Proverbio americano

RECOGIMIENTO

El recogimiento y la meditación son las primeras potencias del hombre.

Mirabeau

RECOMPENSA

La recompensa de una buena acción está en haberla hecho.

Séneca

Merece salir engañado el que al hacer un beneficio, cuenta con la recompensa.

Séneca

Las recompensas del mundo degradan tanto a un hombre como sus castigos.

Oscar Wilde

RECONVENCION

Palabras de amable reconvención no puede menos de agradar al que escucha. Pero la meditación sobre ellas es lo que verdaderamente importa.

Confucio

RECORD

Los hombres en nuestros días han introducido esta manía infantil en todas las cosas; en las más insignificantes y en las más graves. Batir hoy un récord es el ideal de todos; el de los antiguos era la sabiduría, la paz, la renuncia.

Giovanni Papini

RECREOS

Debemos conceder algún descanso a nuestro espíritu y renovar sus fuerzas con algunos recreos; mas estos mismos recreos deben ser siempre ocupaciones útiles y provechosas.

Séneca

RECTITUD

La extremada rectitud es la mayor injusticia.

Cicerón

El pensamiento recto es un capital que reditúa pingües beneficios.

O. S. Marden

Hay gente tenidos por espíritus rectos que nunca razonan, que nunca sienten la sombra de un escrúpulo y que son, llegado el caso, serenamente injustos.

François Mauriac

RECUERDO

El recuerdo es un veneno que se forma en nuestra alma y que va aniquilando la sensibilidad del corazón.

Leclerc

REFLEXION

Lo que quieres decir, dilo mañana.

Proverbio japonés

REFORMA

Es improcedente hablar de reforma sin hacer referencia a la forma

Chesterton

REFORMAR

El único medio que tiene una mujer para reformar a un hombre es fastidiarle de tal modo que le haga perder todo interés por la vida.

Oscar Wilde

REGALO

Cosa que tomarme puedo
no la quiero de regalo

Eduardo Marquina

El amor que se alimenta de regalos, siempre tiene hambre.

Proverbio inglés

REGLA

El obrar sin regla es el más cansado y difícil oficio de este mundo.

A. Manzoni

REINAR

Cuando se reina se debe gobernar con la cabeza y no con el corazón.

Napoleón

REINO

El fuego de una casa más presto se suele echar de ver de fuera que de dentro: así los daños de un reino.

Antonio Pérez

REIR

Reímos y reiremos porque la seriedad fue siempre amiga de los impostores.

Hugo Fóscolo

No te rías mucho tiempo, ni a menudo, ni excesivamente.

Epicteto

¿No se puede incluso riendo ser justo?

Lessing

A la mujer hay que tomarla muy en serio cuando ríe.

Anónimo

RELATIVIDAD

El mismo sol hace fundir la cera y secar la arcilla.

Clemente de Alejandría

El agua de mar es mala para los hombres y saludable para los peces.

Heráclito de Efeso

La cicuta es mortal para los hombres y buena para las codornices.

Pirrón

El enano ve gigantes en todas partes.

Proverbio alemán

Los negros pintan al diablo blanco.

Proverbio etíope

RELIGION

La desgracia y la soledad excitan a la religión.

Chateaubriand

Las mujeres bonitas que no tienen religión son como las flores sin perfume.

Heine

La religión está en el corazón y no en las rodillas.

D. W. Jerrold

El hombre no vive de otra cosa que de religión o de ilusiones.

Leopardi

Cada cual interpreta a su manera la música de los cielos.

Proverbio chino

La religión es la hermana mayor de la filosofía.

W. Savage Landor

Es menester religión o amor para gozar de la naturaleza.

Madame Stael

La religión es una cadena de oro que une la tierra con los cielos.

Young

La religión consuela a muchas mujeres. Sus misterios tienen todo el encanto de un flirt.

Oscar Wilde

REMEDIO

Todo remedio violento está preñado de un nuevo mal.

Bacon

Muchas veces empeoran los males con los remedios.

Gracián

No añadáis a vuestros males un remedio peor que el mal.

Sófocles

REMEDIOS

A grandes males, grandes remedios.

Hipócrates

REPUTACION

Cuida tu reputación, no por vanidad, sino para no dañar tu obra, y por amor a la verdad.

Amiel

Una mala reputación es una carga, ligera de levantar, pesada de llevar, difícil de descargar.

Hesioso

El que sólo practica la virtud para conquistar una gran reputación está muy cerca de caer en el vicio.

Napoleón

El que tiene una mala reputación está medio ahorcado.

Proverbio inglés

Como se le trata de gato salvaje, se pone a robar gallinas.

Proverbio malgache

La reputación de un hombre es como su sombra, que unas veces le sigue y otras le precede; unas veces parece más larga que él y otras más corta.

Juan Jacobo Rousseau

Muchas personas cuidan de su reputación, y no cuidan de su conciencia.

Publio Siro

Alcanzarás buena reputación esforzándote en ser lo que quieres parecer.

Sócrates

El desprecio de la reputación conduce al desprecio de la virtud.

Tácito

Se acusa al lobo, culpable o no.

Zenobio

RESISTENCIA

En amor no son los que ceden los que aman más, sino los que resisten.

Madame de Lambert

La lengua resiste porque es blanda; los dientes ceden porque son duros.

Proverbio chino

RESPUESTA

Una respuesta apacible puede apagar el más encendido furor.

La Bruyère

La respuesta blanda apaga la ira.

Salomón

RETRATO

Cada uno tiende su retrato al otro y el otro se mira en el cristal.

Paul Geràldy

Todo retrato pintado comprensivamente es un retrato del artista, no del modelo. Este no es más que el accidente, la ocasión. No es él a quien revela el pintor; sino éste el que, sobre el lienzo, se revela a sí mismo.

Oscar Wilde

REVERENCIA

Al hacer una profunda reverencia a alguien, se vuelve siempre la espalda a otro.

Abate Galiani

Desde lejos es mayor la reverencia.

Tácito

REVOLUCION

Una revolución es la larva de una civilización.

Víctor Hugo

Los volcanes arrojan lava y piedras, las revoluciones hombres.

Víctor Hugo

Una revolución es una opinión apoyada con bayonetas.

Napoleón

Una revolución es un círculo vicioso: comienza con un exceso para volver a él.

Napoleón

RICO

Peores son los que de nuevo son ricos, que los que de tiempo antiguo lo son.

Aristóteles

No desees y serás el hombre más rico del mundo

Miguel de Cervantes Saavedra

Un rico ignorante es una oveja con vellones de oro.

Diógenes

¿Quieres ser rico? Pues no te afanes en aumentar tus bienes, sino en disminuir tu codicia.

Epicuro

El hombre es rico desde el momento que ha sabido familiarizarse con la escasez.

Epicuro

Si queréis ser ricos, no aprendáis solamente a saber cómo se gana, sino también cómo se ahorra.

Franklin

Precisa tener el apetito del pobre para gozar la riqueza del rico.

Rivarol

RIQUEZA

La riqueza consiste mucho más en el disfrute que en la posesión.

Aristóteles

¿Qué es la riqueza? Nada, si no se gasta; nada, si se malgasta.

Bretón

El rico no gozaría nada si le faltase la envidia de los demás.

A. Panzini

Que el no tener cofres llenos
la riqueza en pie mantiene,

que no es rico el que más tiene,
sino el que ha de menester menos.

Tirso de Molina

RISA

No hay mayor enemigo de la risa que la emoción.

Bergson

No hagas reír hasta el punto de dar motivo a la risa.

Heráclito de Efeso

Risa significa tener miedo. El hombre es «el animal que ríe» porque sólo él sabe que tiene de morir.

Giovanni Papini

Más vale excitar la risa que el escarnio.

Petronio

No recojas verde el fruto de la risa.

Platón

RITMO

El ritmo es la ordenación del movimiento.

Platón

RITOS

En todos los ritos, la sencillez es la mejor extravagancia.

Confucio

Un rival desgraciado no es digno de odio.

Voltaire

ROBAR

Digno de gloria es el que roba un reino; el que roba poco es digno de la horca.

G. B. Casti

ROBO

El error de muchos ladrones frente al público y la justicia estriba en no haber robado lo suficiente para disimular el robo.

C. Dossi

ROCA

Demasiados aquellos que se sienten oleaje. Demasiado pocos los que son y quieren perseverar siendo roca firme, cara a las tormentas.

Rosendo Llates

ROÑA

Los artistas han convenido en que lo más pintoresco y característico de cada pueblo es la roña, sea material o espiritual.

Jacinto Benavente

RUBOR

El rubor es el color de la virtud.

M. Henry

Nadie se ruboriza en la oscuridad.

Benjamín Whichcote

RUIDO

El ruido del momento escarnece la música del Eterno.

Rabindranath Tagore

RUTINA

Todo el mundo habla del progreso y nadie se sale de la rutina.

Emilio de Girardin

Si el error tiene una madre, esta madre es la rutina.

Zamakhchari

S

SABER

Saber es acordarse.

Aristóteles

Vivir, sufrir, morir; tres cosas que no se enseñan en nuestras universidades y que sin embargo encierran toda la sabiduría necesaria al hombre.

Augues

El saber no es un almacén para ganancias y ventas, sino un rico depósito para la gloria del Creador y el consuelo de la condición del hombre.

Bacon

Un hombre no es más que lo que sabe.

Bacon

¡Si no lo hubiese sabido nunca! Lo que no se sabe es como si no fuera.

Jacinto Benavente

El saber es la única propiedad que no puede perderse.

Bías

A quien le daña el saber, homicida es de sí mismo.

Calderón

La sabiduría sirve de freno a la juventud, de consuelo a los viejos, de riqueza a los pobres y de ornato a los ricos.

Diógenes

La principal sabiduría no es el profundo conocimiento de las cosas remotas, desusadas, oscuras y sutiles, sino el de aquellas que en la vida cotidiana están ante nuestros ojos.

Milton

Los sabios son los que buscan la sabiduría; los necios piensan ya haberla encontrado.

Napoleón

Hay muchas cosas que *no quiero* saber. La sabiduría marca límites hasta al conocimiento.

Nietzsche

Cualquiera que presume de saber algo, aun no lo sabe bien, si ignora el modo que debe observarse en la sabiduría.

San Pablo

Si te aprovechas de las lecciones de la sabiduría vivirás en todas partes sin disgusto y serás feliz en tu estado; la riqueza te dará placer porque tendrás mayores medios de hacer bien a muchos; la pobreza, porque te hallarás con menos inquietudes y sobresaltos; la gloria, porque te verás honrado; la oscuridad, porque serás menos envidiado.

Plutarco

El viento de la adversidad no sopla jamás sobre el reino de la sabiduría.

Proverbio persa

El que parece sabio entre los tontos parece tonto entre los sabios.

Quintiliano

La sabiduría no viene tanto de la inteligencia como del corazón.

Rosegger

Saber y saberlo demostrar, es valer dos veces.

Gracián

El que sabe mucho, tiene mucho de qué preocuparse.

Lessing

Desde luego, es más cómodo saber poco que saber mucho.

Marcelino Menéndez Pelayo

El verdadero modo de no saber nada es aprenderlo todo a la vez.

George Bernard Shaw

Estudia no para saber algo más sino para saber algo mejor.

Séneca

Mi única ciencia consiste en saber que no sé nada.

Sócrates

Sólo sé que no sé nada;
los demás no saben más;
sólo sé que la jornada
va sin rumbo ni compás.

Sólo sé que nuestra herida,
que mata, es un no sé qué;
sólo sé que el alma henchida
vive no de agua, de sed.

Miguel de Unamuno

Quien más sabe, más duda.

Anónimo

SABIDURIA

Unicamente la sabiduría puede hacer al hombre capaz de dar buenos consejos a su patria.

Bías

Mucha sabiduría unida a mediana santidad, es preferible a mucha santidad con poca sabiduría.

San Ignacio de Loyola

«Ni amar ni odiar»; esta regla encierra la mitad de toda sabiduría.

Schopenhauer

Si me ofreciesen la sabiduría con la condición de guardarla para mí sin comunicarla a nadie, no la querría.

Séneca

La única cosa que sé, es saber que nada sé; y esto cabalmente me distingue de los demás filósofos, que creen saberlo todo.

Sócrates

La sabiduría es, en el hombre, la madre de todas las virtudes. En la mujer, la madrastra de todas las cursilerías.

Alfonsina Storni

Arguye sabiduría, el saber agradar cuando conviene.

Terencio

La verdadera sabiduría es jugar bien las cosas.

Juan Luis Vives

Muchos habrían podido llegar a la sabiduría si no se hubiesen creído ya suficiente sabios.

Juan Luis Vives

SABIO

El hombre sabio será juzgado no por lo que haya sabido sino por lo que haya obrado y por sus obras merecido.

Mariano Aguiló

SABIOS

El sabio no sigue los mandamientos de las leyes, sino los de la virtud.

Antístenes

Nada es extraño ni extraordinario para los sabios.

Antístenes

Los sabios tienen sobre las ignorantes las mismas ventajas que los vivos sobre los muertos.

Aristóteles

A la verdad, el sabio está sujeto a las pasiones; más toda la impetuosidad de éstas, nada puede contra su virtud.

Epicuro

Yo no admiro a los sabios; el telescopio y el microscopio pervierte la pureza del sentido humano.

Goethe

Los sabios son los que buscan la sabiduría; los necios piensan ya haberla encontrado.

Napoleón

Cuando uno frecuenta el mundo «que sabe algo», se asombra de la solidez de los muros que dividen los diversos compartimentos de trabajo de los sabios.

Marcel Prevost

SABOR

Tanto va del valor al valer
cuanto va del sabor al saber.

Miguel de Unamuno

SACERDOTE

Un cura debe ser un juez de paz natural; el jefe moral del pueblo.

Napoleón

SACRIFICIO

Hay que saber sacrificar la barba para salvar la cabeza.

Proverbio turco

SACRILEGIO

Dícese que es un sacrilegio vender las cosas sagradas; ¿y hay algo más sagrado que la sangre del hombre?

Federico el Grande

SALIDA

Todo el misterio se encierra
en dos palabras, hermano;
siempre y nunca, a que es en vano
buscar salida en la tierra.

Miguel de Unamuno

SALUD

La salud es la justa medida entre el calor y el frío.

Aristóteles

La afición al placer nos liga al presente. El cuidado de nuestra salud nos suspende del porvenir.

Charles Baudelaire

Come poco y cena más poco, que la salud de todo el cuerpo se fragua en la oficina del estómago.

Miguel de Cervantes Saavedra

Los médicos trabajan para conservarnos la salud, los cocineros para destruirla; pero éstos últimos están más seguros de su labor.

Diderot

La salud es tan sólo una confianza; consiste, sencillamente, en creer que se está enfermo y vivir como si se estuviese sano.

E. y J. de Goncourt

Si estás bueno del estómago, y no te duele ningún costado y puedes andar con tus pies, ninguna otra cosa mejor te podrán añadir todas las riquezas de los reyes.

Horacio

Vida honesta y arreglada;
usar de pocos remedios
y poner todos los medios
de no apurarse por nada.
La comida moderada;
ejercicio y diversión;
salir al campo algún rato;
poco encierro, mucho trato
y continua ocupación.

Dr. Letamendi

El hombre pasa la primera mitad de la vida estropeándose la salud, y la segunda mitad curándose.

Joseph Leonard

T

TABACO

Al cumplir los setenta años me he impuesto la siguiente regla de vida: No fumar mientras duermo, no dejar de fumar mientras estoy despierto, y no fumar más de un solo tabaco a la vez.

Mark Twain

TALENTO

La mayor gloria del talento es conocer la verdad; solamente es apreciable en cuanto es útil: pero en manos de un perverso es un arma cruel y terrible.

Barón de Holfach

Los grandes talentos alarman e intimidan a los incapaces, y no tienen la docilidad que se requiere para agradar a los hombres justos.

Barón de Holfach

El talento es como la salud, que cuando se disfruta es cuando menos se conoce.

Helvecio

El talento y la aptirud no suelen proporcionar grandes riquezas.

La Bruyère

Bienaventurado el que tiene talento y dinero, porque empleará bien este último.

Montesquieu

Todo el talento de ciertos hombres se reduce al arte de hacer creer que poseen todos aquellos talentos que no tienen.

Giovanni Papini

El hombre de talento es aquel que lo sabe todo por instinto.

Pindaro

TARDANZA

En la tardanza suele estar el peligro.

Miguel de Cervantes Saavedra

TARDE

Es demasiado tarde para inclinarse cuando la cabeza ha caído.

Proverbio escocés

TEDIO

El tedio es una enfermedad del entendimiento que no acomete sino a los ociosos.

Concepción Arenal

TEMER

Quien mucho desea, mucho teme.

Miguel de Cervantes Saavedra

Es fácil temer, pero penoso; respetar es difícil, pero más dulce.

Goethe

No temáis a los que matan el cuerpo y no pueden matar el alma.

Jesucristo

El que teme padecer padece ya lo que teme.

Montaigne

Los hombres temen a los mismos dioses que han inventado.

Lucano

Temed al que os teme.

Proverbio persa

El ánimo que piensa en lo que puede temer, empieza a temer en lo que pueda pensar.

Francisco de Quevedo

Temo a Dios, y después de Dios temo principalmente al que no le teme.

Sadi

TEMERIDAD

La temeridad cambia de nombre cuando obtiene buen éxito: entonces pasa por heroísmo.

Mabire

Muchos vencimientos ha ocasionado la consideración, y muchas victorias ha dado la temeridad.

Francisco de Quevedo

Arrojarse a la muerte manifiesta
es antes necedad que fortaleza.

Setanti

TEMEROSO

Quien vive temeroso, no será nunca libre.

Horacio

El temeroso huye de aquello mismo que pudiera auxiliarse.

Quintiliano

TEMOR

Andan el temor y el amor tan apareados, que a doquiera que volváis la cara los veréis juntos.

Miguel de Cervantes Saavedra

El temor es un estado de debilidad inerte durante el cual todo enemigo puede vencernos fácilmente.

Goethe

Donde acaba el deseo comienza el temor.

Gracián

El temor y la esperanza nacen juntos y juntos mueren.

Metastasio

Yo defino el temor: una autosugestión más o menos voluntaria de inferioridad.

Amado Nervo

El temor es la medida de las cualidades del ánimo.

Virgilio

TEMPERANCIA

La temperancia es un placer.

Goethe

TEMPLANZA

La templanza es el vigor del alma.

Demófilo

La templanza es el más fino y delicado de los placeres.

Espinay

TENER

Hay quienes se hacen ricos y no tienen nada; y hay quienes se hacen pobres y tienen muchas riquezas.

Salomón

TENTACION

La tentación nunca nos halla tan flacos como al estar ociosos.

San Francisco de Sales

Todo es tentación para el que la teme.

La Bruyère

Se puede resistir a todo, menos a la tentación.

Oscar Wilde

TIEMPO

El tiempo no es sino el espacio entre nuestros recuerdos.

Amiel

El tiempo es la medida de los negocios, como el dinero lo es de las mercancías.

Bacon

El tiempo a todos consuela
sólo mi mal acibara,
pues si estoy triste, se para,
y si soy dichoso vuelo.

Ramón de Campoamor

Si amas la vida, economiza el tiempo, porque de tiempo se compone la vida.

Franklin

Si es el tiempo lo más poderoso de los bienes, la pérdida del tiempo debe ser la mayor de las prodigalidades.

Franklin

Sólo falta el tiempo a quien no sabe aprovecharlo.

Jovellanos

El tiempo es como un río que arrastra rápidamete todo lo que nace.

Marco Aurelio

TIMIDEZ

Los más enamorados son los tímidos; es, pues, preciso auxiliarlos, amándolos.

Anatole France

TIRANIA

Todo hombre debe ser soldado cuando se trate de combatir la tiranía.

Condorcet

Los pastores serán brutales mientras las ovejas sean estúpidas.

E. Godin

De la tiranía nace regularmente el gobierno libre, así como del abuso de la libertad nace el despotismo.

Maquiavelo

El terror, erigido en sistema, es una prueba de debilidad.

G. Mazzini

No hay peor tiranía que la que se ejerce a la sombra de las leyes y bajo el calor de la justicia.

Montesquiu

Cuando se busca el modo de hacerse temer se encuentra siempre primero el de hacerse odiar.

Montesquiu

La tiranía más insoportable es la tiranía de los subalternos.

Napoleón

Muchos de los hombres que saben como se mata a un tirano no saben como se gobierna un país.

Víctor Ruiz Iriarte

TIRANOS

No hay peores tiranos que los esclavos, ni hombres más soberbios que los salidos de la nada.

Lamartine

TITULOS

Los títulos diferencian a los mediocres, embarazan a los superiores y son desprestigiados por los inferiores.

George Bernard Shaw

TOLERANCIA

La humana sabiduría consiste en tolerar.

C. Bini

TOMAR

Toma las cosas por el lado bueno.

Jefferson

TONTERIA

En sociedad cierto grado de tontería ayuda a cierto tipo de brillantez.

Noel Clarasó

TONTO

El tonto tiene una gran ventaja sobre el hombre de ingenio; aquél está siempre contento de sí mismo.

Napoleón

TORMENTO

El hombre cifra su dicha y su gloria en lo que le atormenta.

Bacon

TORNADIZAS

Somos criaturas tornadizas, que acabamos por experimentar los sentimientos que fingimos.

Benjamín Constant

TRABAJO

El trabajo es un título natural para la propiedad del fruto del mismo, y la legislación que no respete ese principio es intrínsecamente injusta.

Jaime Balmes

El placer que acompaña al trabajo pone en olvido la fatiga.

Horacio

El trabajo es el único capital no sujeto a quiebras.

La Fontaine

El trabajo nos hace sentir fuertes, y en esto consiste nuestro mayor placer.

J. von Miller

La felicidad de la vida es el trabajo libremente aceptado como un placer y un deber.

Ernesto Renán

El trabajo nos alivia el dolor.

Shakespeare

Del trabajo proviene cuanto de grande hay en el hombre, y la civilización es un producto.

Smiles

Sin el trabajo, la vida humana semejaría un buque sin lastre. El trabajo es el padre del placer.

Stendhal

El trabajo desgasta, pero pule y abrillanta; el ocio embota, enmohece y destruye.

Anónimo

TRADICION

Tradición: un sostén a la vez que un obstáculo.

Anónimo

TRAGEDIA

La tragedia deleita porque trae una sombra del placer que existe en el dolor.

Shelley

TRAICION

La traición supone una cobardía y una depravación detestable.

Barón de Holfach

Sólo pensar en traicionar es ya una traición consumada.

Cantú

TRAJE

El traje denota muchas veces al hombre.

Shakespeare

TRANSACCION

La ley reina, pero la transacción gobierna.

Aforismo jurídico

TRISTE

El alma triste en los gustos llora.
Mateo Alemán

TRISTEZA

La tristeza ocupa siempre lo interior de las alegrías del hombre.

Chateaubriand

TRIUNFO

Es el triunfo el que crea al gran hombre.

Napoleón

TUMBA

La mejor tumba es la más sencilla

Platón

TURBACION

Aunque todo se hunda y todas las cosas sucedan al revés, vano es el turbarse, pues por esa turbación antes se dañan más que se aprovechan.

San Juan de la Cruz

U

UNANIMIDAD

La unanimidad es la mejor fortaleza.

Proverbio holandés

UNIDAD

La unidad y la variedad en la unidad es la ley suprema del Universo.

Isaac Newton

UNIFORME

Llegamos a ser esclavos de nuestro uniforme.

Napoleón

Dos perros pueden matar un león.

Proverbio hebreo

UNIONES

No hay más uniones legítimas que las dictadas en todo momento por la pasión.

Stendhal

UNIVERSO

El universo no es sino un vasto símbolo de Dios.

Carlyle

La cosa más práctica e importante de un hombre es su concepto del Universo.

Chesterton

El Universo es una esfera infinita cuyo centro está em todas partes, y la circunferencia en ninguna.

Pascal

Nada perece en el universo; cuanto acontece en él no pasas de meras transformaciones.

Pitágoras

URBANIDAD

Comed en casa como si comierais en la del rey.

Confucio

Estoy en la persuasión de que la urbanidad sólida y brillante tiene mucho más de natural que de adquirida.

P. Feijóo

La urbanidad es una forma de la moral; un ejercicio corporal para el bien del alma.

Phylis McGinley

USO

El uso es a menudo un abuso.

Beaumarchais

USOS

Es propio de los usos establecidos el subsistir todavía, aún cuando hayan desaparecido las necesidades que los crearon.

Condillac

UTIL

El que de la verdad vive, cualquiera que él sea, aunque íntimo y vil, puede ser útil en algo.

Fray Luis de León

La obra humana más bella es la de ser útil al prójimo.

Sófocles

UTILIDAD

Cada cosa tiene su utilidad en la tierra, y el más insignificante objeto en apariencia, ha producido milagros. El arte de la música debe su origen a una caña, la arquitectura a un matorral de acebo.

Goethe

UTOPIA

La utopía reemplaza a Dios por el futuro.

Albert Camus

La utopía es el principio de todo progreso y el diseño de un porvenir mejor.

Anatole France

V

VACILACION

No harán muy grandes cosas los vacilantes que dudan de la seguridad.

Jorge Elliot

VACIO

En el vacío, inmenso monasterio,
da vueltas sobre sí una sola hora
la eternidad, el único misterio,
que devoramos y que nos devora.

Miguel de Unamuno

VALENTIA

Era un hombre valiente para los peligros y pusilánime para las molestias.

Pío Baroja

Nunca dijo bien la crueldad con la valentía.

Miguel de Cervantes Saavedra

VALER

Vale más una cabra que da leche que una vaca estéril.

Proverbio estoniano

El hombre vale tanto cuanto él se estima.

Rabelais

VALOR

El día que se sospeche o se compruebe que el valor no es una consecuencia de una convicción, sino del estado de nervios, estará uno perdido.

Pío Baroja

El valor es el hijo de la prudencia, no de la eternidad.

Pedro Calderón de la Barca

Un hombre joven jamás debe adquirir valores seguros.

Jean Cocteau

El hombre vulgar que tiene valor sin rectitud, no es más que un bandido.

Confucio

El hombre de perfecta bondad posee cierto valor, pero el valiente no es necesariamente bueno.

Confucio

El valor y la sagacidad son tan comunes en los salteadores de caminos, como en los héroes.

Federico el Grande

El valor muchas veces no es más que el efecto de un grandísimo miedo.

Gliani

No se puede responder del valor propio cuando nunca se ha estado en peligro.

La Rochefoucauld

El valor, no ayudado de la fortuna, muere bañado en sangre sin recompensa.

Axel Munthe

El valor no se falsifica; es una virtud que escapa a la hipocresía.

Napoleón

El valor es el miedo que ha rezado ya sus últimas oraciones.

C. Neil

Valor y querer, facilitan el vencer.

Proverbio castellano

El hombre valeroso debe ser siempre cortés y debe hacerse respetar antes que temer.

Quilón

El valor nunca es mayor cuando nace de la última necesidad.

Saavedra Fajardo

El valor es siempre ambicioso de peligros.

Séneca

VALLAS

Todavía no se han levantado las vallas que digan al talento: «De aquí no pasarás».

Beethowen

VANIDAD

Las personas más insoportables son los hombres que se creen geniales y las mujeres que se creen irresistibles.

H. Asselin

VANO

Quiere decir vacío; es tan ruín la vanidad que para afrentarla basta con llamarla por su propio nombre.

Chamfort

VANOS

Si los hombres no fuéramos vanos, las mujeres nos lo harían ser.

Stendhal

VARIAR

Las cosas del mundo no varían hasta que alguien las hace variar.

Garfield

VARIEDAD

Con la variedad se adorna la Naturaleza.

Mateo Alemán

La variedad es la madre de la diversión.

Disraeli

VEJEZ

Saber envejecer es la obra maestra de la vida, y una de las cosas más difíciles en el arte dificilísimo de la vida.

Amiel

Todo pasa: lo que amábamos en nuestros días de entusiasmo desaparece. Llega un momento en nuestra vida en que somos ya extranjeros entre la gente que nos rodea y ama.

Azorín

No puede haber cosa más alegre y feliz que la vejez pertrechada con los estudios y experiencia de la juventud.

Cicerón

Cuando se envejece las costumbres devienen tiranas.

G. Flaubert

La vejez es un tirano que prohíbe, bajo pena de la vida, todos los placeres de la juventud.

La Rochefoucauld

Todo viejo es un sepulcro. El respeto por los viejos es pariente de aquel que se experimenta en los cementerios: supersticioso y distante.

Giovanni Papini

Lo más triste de la vejez es carecer de mañana.

Santiago Ramón y Cajal

VENCER

Venciste, mujer, venciste
con no dejarte vencer.

Pedro Calderón de la Barca

La mayor victoria está en vencerse a sí mismo.

Pedro Calderón de la Barca

Nada tan estúpido como vencer; la verdadera gloria está en convencer.

Víctor Hugo

VENGANZA

La venganza no borra la ofensa.

Pedro Calderón de la Barca

La venganza es sólo un placer de pequeñas almas.

Juvenal

El verdadero modo de vengarse de un enemigo es no parecérsele.

Marco Aurelio

Usar de venganza con el más fuerte es locura; con el igual es peligroso, y con el inferior es vileza.

Metastasio

En la venganza, el débil es siempre el más feroz.

Reugesem

La venganza es el manjar más sabroso condimentado en el infierno.

Walter Scott

Quien se venga después de la victoria es indigno de vencer.

Voltaire

VERDAD

No hay cosa más hermosa que la verdad y sólo ella es amable.

Boileau

¿Tu verdad? No, la Verdad,
y ven conmigo a buscarla.
La tuya, guárdatela.

Antonio Machado

La verdad es el fundamento de la virtud más sublime.

Píndaro

Sólo la verdad os hará libres.

San Pablo

La corriente de la verdad se esparce por los canales de los errores.

Rabindranath Tagore

Si cierras la puerta a todos los errores dejarás afuera a la verdad.

Rabindranath Tagore

En su vestido la Verdad encuentra la realidad demasiado estrecha. En la ficción se mueve holgadamente.

Rabindranath Tagore

No hay verdad que no haya sido perseguida al nacer.

Voltaire

Pocas veces resulta oportuno decir la verdad.

Anónimo

VERGUENZA

La vergüenza no consiste en el castigo, sino en el delito.

Herder

VICIO

Es más costoso alimentar un vicio que criar dos hijos.

Franklin

Z

ZARANDILLO

Hemos remado bien, dice la pulga, cuando el pescador ataca.

Proverbio letón

La hormiga, posada sobre el cuerno del cebú, se imagina que tiene algo que ver con el balanceo de su cabeza.

Proverbio malgache

Después del crepúsculo, los gusanos de luz piensan: «¡nosotros hemos iluminado al mundo!».

Proverbio sánscrito

Nosotros, perros de caza, hemos matado a la liebre, dice el perrillo faldero.

Proverbio inglés

La quinta rueda del carro estorba más que ayuda.

Proverbio francés